Nothing Bad Happens
to Good Girls
Fear of Crime in Women's Lives

好女孩不会有坏事发生

女性生活中的犯罪恐惧

[美] 埃丝特·马德里斯 著　罗鸣 译

当代世界出版社

Nothing Bad Happens to Good Girls: Fear of Crime in Women's Lives
© 1998 The Regents of the University of California
Published by arrangement with University of California Press

著作权合同登记号：01-2024-1773

图书在版编目（CIP）数据

好女孩不会有坏事发生：女性生活中的犯罪恐惧 /（美）埃丝特·马德里斯著；罗鸣译. -- 北京：当代世界出版社，2024.7

书名原文：Nothing Bad Happens to Good Girls: Fear of Crime in Women's Lives

ISBN 978-7-5090-1707-4

Ⅰ.①好… Ⅱ.①埃…②罗… Ⅲ.①妇女问题—研究 Ⅳ.①C913.68

中国国家版本馆 CIP 数据核字(2023)第 001785 号

书　　名：	好女孩不会有坏事发生：女性生活中的犯罪恐惧
出 品 人：	李双伍
监　　制：	吕　辉
责任编辑：	张晚林
营销编辑：	李玢穗
装帧设计：	王梦珂
出版发行：	当代世界出版社有限公司
地　　址：	北京市东城区地安门东大街 70-9 号
邮　　编：	100009
邮　　箱：	ddsjchubanshe@163.com
编务电话：	（010）83908377
	（010）83908410 转 804
发行电话：	（010）83908410 转 812
传　　真：	（010）83908410 转 806
经　　销：	新华书店
印　　刷：	北京汇瑞嘉合文化发展有限公司
开　　本：	880 毫米 × 1230 毫米　1/32
印　　张：	8
字　　数：	160 千字
版　　次：	2024 年 7 月第 1 版
印　　次：	2024 年 7 月第 1 次
书　　号：	ISBN 978-7-5090-1707-4
定　　价：	68.00 元

法律顾问：北京市东卫律师事务所　钱汪龙律师团队（010）65542827
版权所有，翻印必究；未经许可，不得转载。

致史蒂夫，
奋斗与冒险中的忠实伴侣

致我的两个孩子，塔蒂和卡洛斯，
让我看到了生活之美和无条件的爱的力量

献给所有的女人和男人
日复一日，生活奋进，抵抗不公正并给世界带来希望

纪念我的父母，埃丝特和路易斯·马德里斯
他们从未上过大学，但是培养了我对教育的热爱

我是多米尼加人。我来到这个国家（美国）是为了让我和我的孩子过上有稳定经济来源的生活，因为我自己的国家还在发展的道路上，而美国是一个发达国家。但是，为什么我为了更好的经济状况就必须面临被袭击甚至被杀死的危险呢？虽然我很害怕，但我还是得在晚上工作。我能怎么办呢？我只能压抑我的恐惧。

——卡门，一位 24 岁的多米尼加女性，在一次纽约焦点小组中的发言

目 录

序 言　　　　　　　　　　　　　　　　　　I
致 谢　　　　　　　　　　　　　　　　　　V

第一章　导论：犯罪恐惧的背景　　　　　001
第二章　制造好女孩　　　　　　　　　　027
第三章　作为社会控制的犯罪恐惧　　　　057
第四章　无辜的和应受谴责的受害者　　　097
第五章　制造违法者　　　　　　　　　　127
第六章　应对恐惧　　　　　　　　　　　155
第七章　总结：直面恐惧　　　　　　　　203

附录　我们如何研究犯罪恐惧　　　　　　219
参考文献　　　　　　　　　　　　　　　226

序 言

根据美国司法部司法统计局（Bureau of Justice Statistics）的数据，20世纪90年代美国的犯罪活动具有以下特点：

- 1994年，暴力犯罪共1090万起。
- 这些暴力犯罪包括50万起强奸案和性侵犯案、130万起抢劫案、250多万起严重袭击案和650万起普通袭击案（1996：2）。
- 男性、黑人、拉美裔、年轻人、穷人和市中心居民的暴力犯罪受害率最高（1996：4）。
- 受害率最低的群体是白人女性（61.5/1000）（1995a：233）。
- 女性中受害率最高的群体是黑人女性（1995a：233）。
- 拉美裔遭遇抢劫的概率大约是非拉美裔的两倍（分别为11/1000和6/1000）（1995a：233）。
- 家庭年收入15 000美元以下的人被强奸或遭受性侵的可能性是家庭年收入15 000美元或以上的人的3倍，被抢劫的可能性是他们的2倍，成为暴力犯罪的受害者的可能性是他们的1.5倍（1996：1）。

这些统计数据表明，犯罪是美国社会的一个严重问题。它影响着每一个人，但少数族裔和穷人更有可能成为暴力犯罪的受害者。

然而，我们对犯罪的认知并不是由官方统计数据塑造的。相反，它受我们自己和他人的个人经历以及文化表现的影响，这些文化表现体现在睡前故事、童话故事、媒体形象、日常对话、暗语，和好/坏、黑人/白人、男性/女性、理性/非理性、受害者/罪犯等两极分化的概念中。

本书尝试探讨犯罪恐惧对美国女性生活的多重影响。但是，这并不是说女性是唯一受到影响的人群。大多数关于犯罪恐惧的研究都同时讨论了男性群体和女性群体。我也访谈过男性，他们向我讲述了犯罪如何影响他们的生活，表达了他们自己对暴力人身攻击、谋杀和强奸的恐惧。这种恐惧遍布所有男性群体，尤其是非裔、拉美裔和男同性恋者群体。此外，作为妻子、母亲、女友、女儿、伴侣、姐姐、妹妹和朋友的女性所承受的焦虑也直接和间接影响着男性的生活。虽然这是一本关于女性的书，但它也是为所有对这个议题感兴趣的人撰写的。书中有些概念和词汇对读者来说可能有点陌生，但我会尽量让它们通俗易懂。

我使用了焦点小组和深度访谈等研究方法来了解女性的日常经历，并梳理她们理解和处理日常生活中有关自己和自己关心的人的恐惧和担忧的方式。尽管我使用了一些官方统计数据来表明犯罪的类型、频率和可能的受害者，但我主要还是依靠定性信息来回答"为什么？"的问题，而不是"有多少？"的问题。简而言之，写作本书的目的并不是报告存在犯罪恐惧的女性的人数，在本书中我更想要讨论的是，为什么女性害怕成为犯罪受害者。女性的恐惧中包含了哪些形象？这些形象是如何被建构出来的？这些形象是否以及如何强化了现有的权力结构？

本书书名的灵感来自我母亲曾反复对我说过的一句话："如果你是一个好女孩，那坏事不会发生在你身上。"这类格言警句揭示了犯罪恐惧对女性生活所施加的社会和政治控制。谨以本书作为这种控制的见证，希望它能为一些勇敢的、拒绝让犯罪恐惧主宰自己生活的"坏女孩"正名。

致　谢

我最需要感谢的是许多向我敞开心扉的女性，她们与我分享了自己的恐惧、焦虑和担忧，以及对一个更美好世界的期望：一个没有恐惧的世界。我非常感谢她们对我的信任和信心。我特别感谢露丝·赛德尔，我们在纽约一家舒适的餐厅吃午饭时，进行了一次生动有趣的交谈，她鼓励我写作这本书，并始终如一地给予我思想启发和个人支持，时至今日这些仍然是我的宝贵财富。我还要感谢林恩·钱瑟，她帮助我完善和澄清了这本书中的许多想法，她提出的改进建议总是非常中肯。

我也要感谢亨特学院的许多学生，他们一直在挑战我的观点，并与我分享学院生活的喜怒哀乐。我想特别感谢马西娅·埃斯帕扎、卡门·罗萨里奥、帕特里西娅·瓦拉德斯、雷文·罗、拉斐尔·埃尔南德斯、约兰达·马丁斯、克里斯蒂娜·罗德里格斯、伊维利斯·罗萨里奥、玛丽·夏特贡、卡桑德拉·丽塔斯、朱迪·麦圭尔、诺埃玛·约菲、洛蕾恩·拉奇曼、凯瑟琳·乌拉诺夫斯基，以及许多其他人，他们撰写了关于自己对犯罪恐惧的经历的精彩论文。他们的许多想法对本书的写作有巨大的贡献。在亨特学院，社会学系主任帕梅拉·斯通也支持了我的研究，并给了我时间完成学位论文和本书的写作。

罗莎·德尔·奥尔莫是拉丁美洲犯罪学家，同时也是我的导师和朋友，她是第一个鼓励我攻读犯罪学的人。21年前，我在委内瑞拉加拉加斯的安德烈斯·贝洛天主教大学接受本科教育，而她教授了我关于犯罪学的批判性方法。作为一名女性和知识分子，她一直是，并将继续是一个榜样。

我还要感谢的是沃尔特·戈夫，他是我在范德比尔特大学的答辩委员会主席，也通过各种方式给我这本书的写作和出版提供了帮助。他治学严谨、追求卓越，并一直以此为标准指引我，鼓励我全力以赴。在我一边撰写论文，一边教书，满负荷运转的时候，在我尝试在学术期刊上发表文章的时候——在以上这些困难的时候他总是鼓舞着我，他一直是一位可靠的朋友。

本书的写作受益于许多英国、加拿大和美国女性主义学者的工作：伊丽莎白·斯坦科、梅达·切斯妮·林德、卡罗尔·布鲁克斯·加德纳、帕特·卡伦、海伦·贝内迪克特、卡罗尔·斯马特、吉尔·拉德福德、戴安娜·拉塞尔、林恩·钱瑟、卡琳·费丝、芭芭拉·厄莱雷奇、迪尔德丽·英格利希、苏珊·布朗米勒、朱莉娅·施文宁格和赫尔曼·施文宁格以及其他许多人。她们在女性、犯罪和犯罪恐惧领域进行了重要的探索。

我感谢我的家人和朋友，他们一直相信我可以完成这本书，我也执着于与他们分享我的许多想法。他们的爱、支持和宽容使我有可能在重重困难面前仍继续前行。我也很感激我的丈夫史蒂夫·理查森，他通读了全书手稿，并帮助我澄清和完善了一些关键的概念和论点。我还要感谢我的姐姐卡门·马德里斯和我的姐夫肯·巴恩斯，他们在我人生的大起大落中一直陪伴着我。感谢我的兄弟路易斯·恩里克·马德里斯在面对许多逆境时表现出的勇气；感谢我的公婆吉恩·理查森和约翰·理查森，感谢他们的坚定支持、关心和爱；感谢我的好朋友们，奥托·马杜罗、南希·诺格拉、娜塔莎·克里尼茨基、古斯塔沃·罗贾斯和我的教子加比、贝丝·哈丁、克里斯和阿莱约·巴特斯，我的伙伴马加利·哈金斯、帕特里斯·麦克雪莉、劳尔·莫利纳、安妮·玛丽、霍华德·哈罗德、埃玛·马托斯、汤姆·安戈蒂、乔伊丝·哈姆林、露丝·普鲁登特、雅法·施莱辛格和佩拉亚·帕帕扎哈里，感谢他们以各种各样的方式丰富了我的生活，支持我和我的工作。对你们所有人，我只有无条件的爱和感激。

我感谢艾莉森·图洛维茨、达内特·戴维斯、玛丽莲·施瓦茨、威廉·墨菲、珍妮弗·格雷曼以及卡伦·布兰森对书稿出版一丝不苟的态度，感谢加州大学出版社的编辑娜奥米·施奈德对我的信心以及她对女性生活的关注。

第 一 章

导论：犯罪恐惧的背景

不久之前，在118街上，一位名叫海伦的女士带着她7岁的孙子刚从杂货店走出来，接下来你知道发生什么了吗？她倒在人行道上，死了。

是的，他们可能是从窗户或者……我也不知道从哪里开的枪。

让你害怕的不仅仅是被抢劫……只是那些人……我不知道……他们有某种病什么的……他们好像有精神病什么的。

很多人都在吸毒……这里面包含很多事情。

我一直生活在恐惧中。除非迫不得已，否则我是不会出门的。

尤其是在晚上。

——纽约市曼哈顿上城6名非裔年长女性焦点小组的参与者

在过去的 5 年里,我的生活充满了故事、对话和对事件的叙述,比如这些非裔年长女性所描述的事件。其中有一些是我在为本书做调查研究时亲耳听到的。而另外则大多来自我与数千名女学生、朋友、同事和家人的非正式对话。在漫长的餐后聊天、徒步旅行、办公时间和课堂演讲中,她们问我:"你在做什么?"我回答说:"我正在写一本关于犯罪恐惧及其对女性生活产生影响的书。"无论对话者的种族、年龄、社会阶层或职业地位是什么,我的回答总是能引起她们的共鸣:"这很有趣。我知道你的意思。我可以告诉你它是怎么影响我的……"接下来她们就通过大量故事的讲述表达了犯罪恐惧给女性生活带来的负担、局限和无能为力的感觉。尽管她们很紧张、很焦虑,比如这项研究的参与者玛丽,她补充道:"我还是选择了继续我的生活,不让恐惧控制我。"

对女性来说,犯罪恐惧具有一种独特的能力,即它能够将有关"适当的"性别角色的看法统一起来,达成共识:女性不能从事某些活动,因为这样做对她们来说是危险的,而男性则没有这种限制(Young 1996)。尽管人们可能声称支持女性就工作场所或公共空间的使用享有平等的机会,但当他们面临犯罪可能性的问题时,他们通常会被自己真实的意见震惊。同一个人很可能会在这一刻强调:"女性和男性有同样的权利走在美国的大街上。"然后在下一刻说:"好吧,她不是更清楚吗?她就不应该在晚上独自行走。她能期待什么呢？"犯罪恐惧触及的是根深蒂固的信念，并会引发许多假设，这些假设不仅是关于犯罪、罪犯，以及受害者的，也是关于男性和女性"负责任的"行为的。本书的主要论点是，犯罪恐惧协助构成了对女性的社会控制，使性别不平等现象长期存在，这种不平等现象维持了父权关系，侵犯了女性的权力和权利，损害了女性的成就。

本书首先讨论了犯罪恐惧如何成为大多数美国人的首要问题。对女性犯罪恐惧的研究将在之前研究的脉络中进行，之前的研究普遍发现女性比男性更害怕成为犯罪的受害者，并探讨了这种恐惧的一些来源。之前的研究还讨论了媒体对侵害女性的罪行的描述及其对女性犯罪恐惧的可能影响。第二章将主要讨论两个问题：第一，尽管官方统计数据表明犯罪率正在下降，但为什么今天的美国人更加害怕成为犯罪的受害者？第二，为什么女性比男性更害怕成为犯罪的受害者，尽管她们的受害率其实比男性低？这一章还将讨论犯罪学中的女性主义问题。第三章将讨论女性在考虑受害可能性时如何表达担忧和恐惧的情绪，并探讨这些情绪的具体内容。第四章和第五章讨论了罪犯和受害者的对立形象，以及它们的两极分化如何导致了女性的犯罪恐惧。第六章探讨了女性用来保护自己免受伤害和降低犯罪恐惧的各种习惯和行为。

本书以黑人、拉美裔和白人女性的日常经历为基础。我呈现这些女性的方式与她们向我呈现自己的方式是一致的：她们对于深刻影响了所有人的现实情况提出了复杂的、常常相互矛盾的观点。本书讨论了犯罪恐惧对不同社会地位的女性的生活和活动方式所产生的相同的和不同的影响和限制。因此，我的研究对象包括老年、成年和青少年女性，以及不同社会经济地位、种族和民族背景的女性。

与使用问卷进行调查不同，使用焦点小组和深度访谈的研究方法使我可以坦率地进行讨论。我用西班牙语组织了合法女性居民和非法女性居民的小组讨论，让许多本来不会表达自己意见的人发声。我与访谈参与者在她们自己的空间里进行访谈（一所非传统的学校、上西区公寓、郊区房屋的客厅），这让参与者感到舒适，产生了引人入胜的讨论。有兴趣的读者可以参阅附录"我们如何研究犯罪恐惧"，那里有关于调查方法的更详细的描述。

恐惧如影随形

犯罪恐惧萦绕在美国人的心中。1994年《纽约时报》与哥伦比亚广播公司共同发起的一项民意调查显示，犯罪已经取代了经济，成了美国人最关心的问题。许多人还担心，美国将无法在未来几年内有效减少暴力犯罪（Berke 1994a）。罗珀机构（Roper Organization）于1990年进行了一次类似的调查，1984份全国样本数据表明，犯罪是他们所在社区面临的最严重的问题，超过了失业、儿童保育、教育和其他社会问题（Bureau of Justice Statistics 1992）。

美国人正在改变他们的生活方式，从而将受害风险降至最低。一项针对美国8个主要城市的研究表明，46%的美国人因为害怕犯罪而改变了他们的生活方式（Hindelang et al. 1978）。个人尽量不单独外出或在夜间外出，尽量不经常去某些地方，比如大城市的市中心和地铁；尽量避免与那些对他们来说似乎或看起来很危险的人接触。

我们所有人都生活在媒体对犯罪和暴力报道的魔咒之下。当我们打开电视或浏览报纸和杂志，以及最近的互联网信息的时候，我们可能总是会看到某个关于最近令人发指的病态罪行的新闻报道，并附上一份有关犯罪嫌疑人和犯罪行为的详细报告。就像战争期间的尸体统计一样，纽约人每晚都会收到一份关于该市白天发生的谋杀案数量的报告。整个国家对妮科尔·布朗（Nicole Brown）和罗纳德·戈德曼（Ronald Goldman）双重谋杀案的关注与痴迷生动地体现了媒体对犯罪、罪犯和受害者的利用与剥削。当著名且富有的橄榄球明星辛普森（O. J. Simpson）——妮科尔·布朗的前夫被控谋杀（后来被无罪释放）时，有关他的审判的报道表明这种迷恋已经变成了一种痴迷。这种为了出售报纸和电视广告而每天激起我们最深切的恐惧的媒体狂热并不是什么新鲜事。但新技术——卫星天线、计算机和有线网络，几乎可以立即将犯罪相关信息传播到全国和全球最偏远的地区，这极大地增强了媒体利用犯罪相关新闻的能力。

根据官方统计数据，与其他工业化国家的犯罪率相比，美国的犯罪率非常高。美国审判项目组织（The Sentencing Project），一个致力于改善司法系统的私人非营利研究和倡导组织，它发布的一份报告显示，美国的谋杀案发生率是日本的 11 倍、英国的 9 倍和意大利的 4 倍。美国的抢劫案发生率是日本的 150 倍、希腊的 100 多倍和爱尔兰的 47 倍（Mauer 1991）。在美国，针对女性的暴力行为之多更是令人不安。美国的强奸案发生率是日本的 26 倍、意大利的 23 倍、葡萄牙的 20 倍、英国的 15 倍、法国的 8 倍。

在美国，有关犯罪的两个主要官方信息来源是联邦调查局统一犯罪报告（FBI Uniform Crime Report）和全国犯罪受害调查（National Crime Victimization Survey）。联邦调查局统一犯罪报告汇编了来自全国各地警察部门的犯罪报告。全国犯罪受害调查则是通过询问全国家庭成员样本来收集数据，即询问他们在调查前的6个月内是否曾是犯罪的受害者。由于许多受害者并不会报警，因此全国犯罪受害调查被认为是比联邦调查局统一犯罪报告更准确的数据来源。事实上，全国犯罪受害调查所显示的犯罪数量也确实远大于媒体和政客通常引用的联邦调查局统一犯罪报告。根据全国犯罪受害调查的估计，1994年受害者所描述的犯罪行为中只有36%被报告到警察局。因此，我们对犯罪其实知之甚少；事实上，大多数犯罪行为都没有被警方和公众注意到（Bureau of Justice Statistics 1996）。

美国联邦调查局统一犯罪报告和全国犯罪受害调查都对美国的犯罪情况作出了悲观的描述。例如1994年全国犯罪受害调查显示，全美国约1亿户家庭共发生了3200万起财产犯罪。全国犯罪受害调查显示，犯罪率（每1000名居民的犯罪数量）自1973年以来一直在增长，于1981年达到峰值，直到1994年才稳步下降。自20世纪70年代以来，盗窃发生率和家庭犯罪率一直在稳步下降。1973年至1981年间，暴力犯罪率有所上升，此后一直保持稳定。1993年至1994年间，暴力犯罪的总体比率以及强奸、普通袭击和严重袭击的比率都略有下降（Bureau of Justice Statistics 1996：5，6）。

与媒体所呈现的犯罪图景相反，美国的大多数犯罪是财产犯罪。根据全国犯罪受害调查的数据，1994年12岁或12岁以上的美国居民共经历了4360万起犯罪。其中，近71%是财产犯罪的受害者，

25%是暴力犯罪的受害者。尽管媒体经常报道谋杀，以至于我们的印象是这是最常见的犯罪类型之一，但在统计上谋杀其实是小概率事件。根据美国联邦调查局的数据，1994年每10万人中有9人被谋杀，比前一年略有下降（Bureau of Justice Statistics 1996）。此外，尽管这些谋杀案大多是熟人所为，但媒体更关注的反而是陌生人所犯的随机谋杀案（Roth 1994）。事实上，在美国街头被陌生人谋杀的可能性是很低的。

尽管犯罪率有所下降，《国家法律杂志》（National Law Journal）就公众对犯罪的态度进行的第二次民意调查发现，1989年至1994年间，表示对犯罪"真正绝望"的受访者比例几乎翻了一番，从34%增至62%（Sherman 1995/96）。这项民意调查和其他民意调查都表明，如今许多人生活在犯罪恐惧的阴霾中，尽管近年来他们成为抢劫案、袭击案甚至谋杀案受害者的可能性略有下降。

这种绝望情绪导致许多人通过改变硬件条件来寻求解决。在一个人类最严重的问题都可以被利用来销售商品的社会里，许多人通过购买产品来让自己感到更安全。枪支、狼牙棒、高科技报警器、锁具、《杀戮俱乐部》游戏（the Club）和自卫课程就属于这类大量可销售商品，我们用它们给予自己一种可以免受犯罪伤害、获得保护的感觉。其中最突出的是枪支。据酒精、烟草和火器管理局（Bureau of Alcohol, Tobacco, and Firearms）估计，"自1973年以来，美国已经生产了4000多万把手枪"（Bureau of Justice Statistics 1995b：3）。不出意外，根据美国卫生与公众服务部（United States Department of Health and Human Services）的数据，枪击正在成为美国人死亡的主要原因之一。例如1985年至1991年间，与机动车事故有关的死亡人数下降了10%，而因枪击死亡的人数增加了14%。如果这一趋势继续下去，到2003年，美国全国各地因枪击造成的死亡人数将超过车祸造成的死亡人数（《枪支取代汽车成为美国头号杀手》，《纽约时报》，1994年1月26日，A–12）。

人们加固自己的房屋，把自己武装起来，希望创造一个安全的地方，保护自己和家人免受暴行伤害。换言之，公众对政治制度及其控制犯罪能力的怀疑促使许多人将他们的防护手段私人化（Berke 1994a）。私人安保服务急剧增加，该项业务的价值从1969年的33亿美元增加到1991年的520亿美元（Cunningham et al. 1991）。

犯罪恐惧及其对大众社会的影响可以说已经成为一个与犯罪本身一样严重的问题（Clemente and Kleiman 1977）。一个涉及一两名受害者的犯罪事件可能会惊吓到几十人，并改变他们的生活方式以及他们与社会其他成员的关系。人们的犯罪恐惧削弱了社区意识，损害了其成员之间的社会团结，造成了对陌生人的怀疑，并阻碍了相互的信任与合作（Liska and Warner 1991）。犯罪恐惧也强化了公众对罪犯的打击态度。为了回应公众对罪犯的愤怒，美国各地的政客们比以往任何时候都更加致力于让监狱里犯人的日子变得难过。最近的立法也削减了监狱里基本的便利设施。例如1996年的联邦拨款法案减少了监狱里举重设施、精选视频和咖啡壶的设置。加利福尼亚州最近的立法取消了囚犯的探视权。然而，联邦监狱局局长、监狱专家迈克·昆兰（Mike Quinlan）警告说："在取消了所有这些活动之后，如果犯人们发现自己有了空闲时间，那么他们就会做点什么来打发这些时间，这可能不符合那些试图监控犯人们活动的工作人员的最佳利益。"（Nossiter 1994）

政客们利用人们的恐惧大做文章。他们打着"法律与秩序"的旗号，与"自由政治"保持距离，互相抨击政治对手对犯罪过于软弱。在 1996 年的总统竞选期间，鲍勃·多尔（Bob Dole）和比尔·克林顿（Bill Clinton）为解决犯罪问题进行了激烈的竞争。多尔将"法律与秩序"的议题带到了亚利桑那州沙漠中的一处帐篷监狱中，在那里他受到了马里科帕县警长约瑟夫·M.阿帕约（Joseph M. Arpaio）的招待。阿帕约通过推行用铁链锁住一起做工的囚犯这一惩戒方法赢得了严厉打击犯罪的声誉（Nagoumey 1996：A-13）。比尔·克林顿作为民主党总统候选人则做了一件不同寻常的事：他比他的共和党对手更频繁地谈论犯罪。他对犯罪的强硬立场甚至为他赢得了美国最大的警察组织的支持（Purdum 1996：A-14）。1994 年，女性政治家普遍失去了选民的支持，因为她们看起来不会对犯罪采取强硬态度（《1994 年，为女性投票并不那么好》，《纽约时报》，1994 年 10 月 3 日，A-1, B-10）。基于这一观点，加州州长皮特·威尔逊（Pete Wilson）公开指责他的女性政治对手凯瑟琳·布朗（Kathleen Brown）"缺乏勇气"，无法对犯罪和非法移民采取强硬态度（Toner 1994）。

犯罪恐惧导致公众要求政府制定更严厉、更具打击性的刑事司法政策。因为他们相信这些政策会让他们在家里更安全，他们走在城市的街道上也不用担心被抢劫、强奸或杀害。近年来，尽管犯罪率有所下降，但与犯罪和刑事司法机构相关的费用却大幅增加。1992 年，美国刑事司法系统花费了 930 多亿美元，其中约 410 亿美元用于警察部门，310 亿美元用于监狱和监禁制度（Bureau of Justice Statistics 1995）。即使是在经济紧缩、社会项目支出削减和预算平衡的情况下，美国国会也回应了公众的担忧，于 1994 年通过了一项额外拨款 302 亿美元的反犯罪法案。这项措施计划在 6 年内增加 10 万多名巡街警察，为监狱的建设和运营提供 88 亿美元，将联邦死刑扩大覆盖到约 60 项罪行，它还设置了著名的"三振出局"制度，即如果犯人曾两次被判犯重罪，则其第三次被判犯有联邦罪行时将被强制判处无期徒刑。这意味着美国正在削减其社会项目，以扩大警察部门并建造更多的监狱。"法律和秩序"的政治侵蚀了更为自由的议程，包括预防犯罪、改过自新、监禁替代方案、废除死刑等。此外，报复性司法的回归掩盖了有关犯罪控制的现实：公共安全与惩罚的严重程度或街头警察的数量无关（Platt 1994a）。相关研究明确地表明，无论是制定更严厉的刑罚，还是增加街头警察人数，都不会对犯罪产生任何显著的影响（Currie 1985；Reiman 1995）。

犯罪的社会建构

犯罪研究可以从不同的角度进行，具体地说，可以从客观主义的角度和社会建构主义的角度讨论犯罪问题。客观主义方法将犯罪的存在视为一个社会问题。客观主义研究者坚持，通过使用官方统计数据，社会学家和犯罪学家必须研究犯罪问题的程度、原因及其可能的解决方案。例如客观主义学派的代表人物之一杰罗米·玛尼斯（Jerome Manis 1974）将社会问题定义为那些被认为对社会有害的条件，但没有讨论如何定义这些条件，也没有讨论谁有权认定这些条件。功能主义者，如罗伯特·默顿和罗伯特·尼斯贝（Robert K. Merton and Robert Nisbet 1976），也遵循客观主义的方法，将社会问题定义为违反规范、功能失调、价值和规范冲突以及社会无序。默顿认为,社会中缺乏实现经济成功这一社会目标的机会就会导致犯罪。解决犯罪的办法是消除那些阻碍平等地实现社会目标的制度性障碍。传统的马克思主义观点与客观主义相同,因为它将伤害大部分人的社会条件定义为社会问题,如种族主义、性别歧视、剥削和压迫(Liazos 1982)。

犯罪研究的客观主义视角是传统的,或者说是最正统的研究观点。它假设每个人都认为犯罪是邪恶的,人们明辨是非。犯罪被认为是错误的,因为它违反了法律,而法律是社会道德价值观的终极反映(Goode and Ben-Yehuda 1994:66)。客观主义观点的问题在于,它忽略了一个事实,即一些人认为是犯罪或错误的事物可能不会被其他人视为犯罪。例如根据一些人的说法,同性恋关系应该被认为是错误的,因为它们违反了上帝的准则,根据上帝的准则,异性恋关系是唯一的、道德的性关系(一些主要宗教信仰的代表支持这一论点)。然而,对其他一些人来说,同性恋关系和其他关系一样是合法的。关于堕胎问题的意见也有类似情况。例如基督教右翼组织将堕胎视为一种罪恶和谋杀。其他团体,如美国全国妇女组织(National Organization for Women),认为这是女性的选择和控制自己身体的权利问题。

然而,社会建构主义认为犯罪是一种更加复杂的现象。在将犯罪作为社会问题进行讨论时,建构主义研究者考虑的是,"犯罪问题"是如何、为什么以及由谁定义的;为什么某些行为被定为犯罪而其他行为不会;为什么某些群体的行为被定义为对社会的危害比其他人的行为更大;为什么某些类别的人更有可能被视为受害者。建构主义研究者试图理解犯罪的普遍象征意义，以及特定犯罪对各种社会经济、种族和性别群体的象征意义。某些群体需要利用"犯罪问题"来推进其政治和道德议程，在此背景之下，"犯罪问题"会被研究讨论（Jenkins 1992）。社会建构主义考察了那些有权将某些行为定义为社会问题的群体的经济、社会和政治特征。他们还研究了某些相对弱势的群体被视为越轨者或罪犯的可能性以及两者之间的关系，这些群体包括女性、少数族裔和经济弱势群体（Ben-Yehuda 1986; Currie 1968; Erickson 1966）。

尽管社会建构主义者认为统计数据对犯罪研究很重要，但他们认为统计数据也是由社会建构的，因为许多犯罪其实被排除在官方记录之外，而且统计数据也受到政治议程的影响，尤其是执法活动的影响。例如如果政府决定发动一场禁毒运动，其结果可能是某些人群中的毒品犯罪相关的被捕人数会增加。然而，被捕人数的增加并不能说明这些群体中毒品消费、销售或贩运数量在实际上增加了，而是反映了一项政治决定及其随后的执行情况。

社会建构主义并不否认犯罪的现实。女性、穷人和少数族裔尤其会受到家庭、工作场所和社区的犯罪率的影响，并有可能成为下一个受害者。然而，犯罪需要被理解为是由社会建构的。

本书将遵循社会建构主义的方法。尽管新闻媒体大肆宣扬，但如今美国的暴力事件发生率并非历史最高。事实上，美国目前的水平并不比20世纪30年代初和80年代初高。那么，为什么犯罪恐惧达到了前所未有的程度呢？为什么一项又一项调查显示犯罪是美国居民最关心的问题？在美国，犯罪和犯罪恐惧的象征意义是什么？在一个基于阶层、性别和种族的多重等级制度存在的社会中，犯罪和犯罪恐惧是否反映了这一社会等级制度，再现了某些群体的主导地位和其他群体（如女性和少数族裔群体成员）的从属地位，并限制和控制了他们的生活？犯罪恐惧是否至少在一定程度上取代了其他一些根深蒂固的恐惧，比如在工作不稳定、工资停滞不前的时期，许多美国人面临的经济焦虑？

女性的犯罪恐惧：恐惧的悖论

自 20 世纪 70 年代末以来，犯罪恐惧一直是犯罪学和被害人学研究最关心的问题。学术期刊和图书上都有关于这个问题的文章。他们的研究结果一致表明，女性和老年人比男性和年轻人更害怕成为犯罪的受害者（Clemente and Kleiman 1977；LaGrange and Ferraro 1989；Ortega and Myles 1987；Skogan 1987；Stafford and Galle 1984；Warr 1984）。即使客观来说犯罪率很低（例如在犯罪率较低的社区），女性和老年人对成为犯罪受害者的恐惧程度也远远高于男性和年轻人（Baumer 1985）。此外，女性更有可能因为恐惧而改变自己的行为，因为她们害怕自己成为犯罪的受害者（Stanko 1990：15）。一项针对样本城市的调查显示，52% 的女性表示，她们因为害怕犯罪而改变了自己的行为，但只有 27% 的男性表示自己有类似的行为改变（Garofalo 1977）。

女性和老年人的犯罪受害率其实是低于男性和年轻人的（Bureau of Justice Statistics 1995）。然而，这两个群体表达了对成为犯罪受害者的更多恐惧（Stafford and Galle 1984）。女性和老年人的犯罪受害率与恐惧程度之间的矛盾是犯罪学中最令人困惑的问题之一。它被称为"恐惧的悖论"（Warr 1984：682）。在一定程度上这一悖论可以被解释为，犯罪恐惧是不合理的：它与客观的受害概率不成比例。这一解释也被另一事实强化，公众最担心的是针对人的犯罪或暴力犯罪，但事实上财产犯罪发生的可能性比前两者更高。

不同的因素被试图用来解释女性受害率和犯罪恐惧之间的这种明显矛盾。根据一些研究，犯罪恐惧的性别差异反映的是力量和体型的差异：女性被认为在身体上比男性更脆弱，因为平均而言，她们体型较小，抵御身体攻击的能力较弱（Hindelang et al. 1978）。其他人则认为，女性的犯罪恐惧可能与对强奸的恐惧有关，强奸对许多女性来说是最可怕的刑事犯罪。在美国以及拉丁美洲等其他文化中，有关性骚扰的各种警告构成了女孩社会化过程中的重要组成部分。女孩们被告知"坐姿端正""双腿并拢""把裙子放下"和"不要和陌生男人说话"，因为如果你不这样做，"你可能会遇到不好的事情"。这类警告包括模糊的暗示，也包括对强奸和性骚扰危险的公开谈论（Riger etal. 1978）。因此，女性的社会化可能会强化对这种罪行的严重性的认知，导致无力感和脆弱感加剧，甚至在较低客观风险的背景下也会引发女性对强奸的极大恐惧。一些人认为，对强奸的恐惧可能会累积并"污染"女性生活的许多领域，使女性在许多社会情景下感到恐惧。正如玛格丽特·T. 戈登（Margaret T. Gordon）和斯蒂芬妮·里格（Stephanie Riger）所说："大多数女性所经历的对强奸的恐惧是一种令人不安的、痛苦的感觉，认为可能会发生可怕的事情，这种焦虑使她们无法做自己想做或需要做的事情。"（1991：2）

这些解释都没有触及问题的核心。尽管有大量关于犯罪恐惧的文献，但我们刚刚开始全面了解这个问题，特别是关于女性恐惧的问题。人们对之前的研究提出了诸多批评。其中许多采用的是调查研究方法，有些采用全国样本，有些采用一个或几个城市的样本。尽管调查可以让我们从宏观上描述一些社会现象，包括恐惧，但它们并不是没有问题的。被调查对象中的一些人代表性不足，比如黑人和拉美裔女性。鉴于她们在美国社会中普遍缺乏社会和经济权力，犯罪恐惧问题对她们来说可能特别重要。我自己的调查经验也使我发现，少数族裔女性的代表性确实不足（Madriz 1992）。这种代表性不足使得人们很难知道白人和少数族裔——黑人女性和拉美裔女性等——在恐惧程度或与恐惧相关的因素方面是否存在差异。

许多这类调查试图通过一个问题来衡量一个复杂的现象，例如犯罪恐惧（Ferraro and LaGrange 1987）。一些调查则使用模糊或简单的问题来衡量犯罪恐惧。例如最常见的问题之一是询问人们晚上独自在社区行走的安全感，这个问题没有提到犯罪。一些老年人害怕在黑暗中行走，可能只是因为害怕摔倒或因为视力差。此外，这个问题只涉及社区，而忽略了其他可能发生犯罪的社会场所，比如我们大多数人会待更长时间的工作场所或家庭。然而，对这些地方的犯罪恐惧的研究还十分有限。

对之前研究的另一个批评是，学术期刊上关于犯罪和女性的恐惧的绝大多数文章都忽视了家庭暴力。许多女性的恐惧以及旨在减少这些恐惧的政策，如警察部门提供的安全提示和大学校园的安全电话，都预设大多数针对女性的犯罪是陌生人在公共场所犯下的。然而，大多数针对女性的犯罪都是由社交网络中的熟人，或者熟悉受害者的男子在"神圣"的家庭场所中犯下的（Stanko 1993，1991，1990）。奇怪的是，家庭暴力和犯罪恐惧之间的关系却被忽视了。例如我们并不知道一个遭受亲密暴力或伴侣暴力的女性在街上是否会更加害怕。

绝大多数关于犯罪恐惧的研究都是由欧洲裔中产男性犯罪学家完成的。这些研究有两个重要的局限性。首先，如前所述，它们未能关注到不同群体女性之间的差异。其次，它们通常是在犯罪学中占主导地位的实证主义传统框架下进行的，该传统侧重于个人属性，如个人的年龄、性别或社会经济地位，以及这些变量与犯罪恐惧之间的关系。大多数研究忽略了犯罪事件发生或犯罪恐惧出现背后更广泛的社会结构。因此，很少有研究表明，种族、阶层和性别关系如何影响犯罪恐惧，或者这种恐惧如何影响不同种族/族裔和经济社会背景的女性的生活。简而言之，这种恐惧发生的社会结构背景一直被系统性地忽视了，除了少数美国和英国女性主义犯罪学家，她们是仅有的女性的犯罪恐惧及其限制女性生活方式的研究者（Gardner 1995；Green et al. 1991；Hanmer and Saunders 1984；Riger et al. 1978；Stanko 1990）。

许多女性面临的日常现实是：我们生活在自我设置的宵禁中，觉得天黑后在城市的街道上——甚至郊区和农村地区的街道上行走——或行使公共空间的使用权是危险的（Gardner 1995；Walklate 1990）。毫无疑问，如果有一名保安守护着大楼的入口（这样她们就不必通过黑暗的、无人保护的走廊进入大楼），或者开车上下班（这样她们不必乘坐公共交通工具），还有一扇可以通过遥控器从车内打开的电动车库门（这样她们不必走5层光线不佳的楼梯，就可以进入公寓），大多数人会感到更安全。由于缺乏这些便利设施，贫困女性自我限制了各项活动。例如居住在华盛顿高地地区的65岁拉美裔女性罗莎向我讲述了她的"自我宵禁"：

> 我天黑后不出门。如果我必须买牛奶或去杂货店，我会等到第二天。我宁愿不喝牛奶也不愿冒生命危险。我不会去冒险的。我年纪大了，又没有保险。如果我受伤了，谁来照顾我呢？没门儿。

因此，贫穷的女性和少数族裔女性似乎比中上层白人女性更害怕成为犯罪的受害者（Gordon and Riger 1991）。阶层和种族差异对女性的犯罪恐惧产生了影响，而这些差异一直被忽视。大多数关于犯罪恐惧的研究都把这个问题置于某种政治、经济和社会的真空中，忽略了其与大多数女性，尤其是有色人种女性，在美国这样一个以白人和男性为中心的社会中所处的社会劣势的联系。

遭受暴力的可能性及其产生的恐惧是控制女性生活的基本因素。因此，男性和女性的犯罪恐惧在程度上的差异至少可以部分归因于某种性别规范，这种规范反映了结构性的性别划分，并将女性描述为相对脆弱、软弱、无力和被动的，而男性则是强壮、强势、有力和主动的。男性和女性之间的这些差异被认为是"自然的"，根源于生物学上的差异，这意味着它们是基于毋庸置疑或"科学"的真理的。然而，研究表明，即使是被认为十分严格的生物学因素，如体型和体力，也会受到饮食和体育活动的显著影响（Andersen 1993）。

从出生起，社会习俗就区别对待男孩和女孩。我们被赋予的名字都有明确的性别期望：女孩的名字应该具有安静、甜美、漂亮和善良等品质，如格洛里（Glory）、乔伊（Joy）、爱丽丝（Iris）、贝拉（Belle）、坎迪（Candy）[①]。男孩的名字则象征着智力、决心和勇气，如大卫（David）、亚瑟（Arthur）、威廉（William）、詹姆斯（James）、彼得（Peter）[②]（Slater and Feinman 1985）。女孩被鼓励要"像淑女一样"，不从事体力劳动。男孩则被鼓励要变得强壮，参加体育运动和其他活动，以发展他们的体力，并与其他人进行身体接触。女性经常被描绘成在身体和社交上的弱势群体，因此很容易成为犯罪和男性暴力的目标。

用苏珊·布朗米勒（Susan Brownmiller）的话说："甚至在我们学会阅读之前，我们就已经被灌输了受害者心态。"（1975）通常我们的母亲在安全的卧室里读给我们的故事和童话中，就充满了女性或女孩作为男性犯罪的受害者的形象和象征。对于布朗米勒来说，小红帽的故事是一个典型。一个"好女孩"被吩咐到树林里给生病的老奶奶带食物（这是一种典型的女性养育活动）。暗中潜伏的"大坏狼"，一个强壮、黑暗的男性形象，袭击了这两个女人，她们被野兽吞噬，没有任何抵抗。另一个男性形象，勇敢、强壮的白人猎人，切开了野兽的肚子，救出了两个被吓坏了的女人。

女性的恐惧是由一些图像组成的，这些图像表明，"森林"隐喻一个陌生地方，对女孩来说是危险的，女性很容易受到男性的暴力

[①] Glory有荣誉、欣喜、光环之意；Joy有欢乐、喜悦的意思；Iris是希腊神话中的彩虹女神，也指鸢尾花；Belle有美女的意思；Candy有糖果之意。（本书注释均为译者注）
[②] David有"被爱的"之意；Arthur有"高贵、勇敢"之意；William可引申为"武士"；James来源于希伯来人名Jacob，意为"取代者"，是《圣经》中犹太人的祖先；Peter寓意磐石。

袭击，同时又服从于男性，需要他们的保护。许多童话告诉我们，男性是我们的终极拯救者。他们拯救了被魔咒困住的女人，比如睡美人，她被英俊王子的甜蜜亲吻从漫长的梦中唤醒；或者被恶毒的继姐妹和继母虐待的女人，比如灰姑娘，她的痛苦因白马王子的爱而结束。灰姑娘的故事特别有趣，因为王子在整个王国拼命寻找这个适合水晶鞋的完美女人，这个女人的脚最小——脆弱、精致、柔弱、女性化的象征。

犯罪恐惧，特别是对男性暴力的恐惧，不仅巩固了女性比男性无力、软弱和脆弱的形象，而且助长了女性无权享有与男性同等权利的观念：女性不应该也不能去男性可以去的地方；女性不能从事对男子开放的活动；女性应该穿着"得体"的服装，这样她们就不会受到男性的骚扰；由于女性必须保护自己和孩子免受犯罪伤害，她们最好待在家里，做"好女孩"。此外，犯罪恐惧强化了女性的从属地位：如果女性想要得到安全和保护，她最好有男人陪伴。

针对女性的犯罪的媒体报道

媒体经常歪曲针对女性的犯罪。媒体报道的针对女性的犯罪的频率和类型通常扭曲了女性在哪里、何时成为受害者以及更有可能被谁侵害的事实。梳理一下美国近年来最受媒体关注的刑事案件：马萨诸塞州新贝德福德市台球桌轮奸案、威廉·肯尼迪·史密斯（William Kennedy Smith）强奸案、预科生罗伯特·钱伯斯（Robert Chambers）杀害珍妮弗·莱文（Jennifer Levin）案、中央公园慢跑者轮奸案、卡罗尔·斯图尔特（Carol Stewart）被丈夫查尔斯·斯图尔特（Charles Stewart）杀害案、加利福尼亚州12岁的波莉·克拉斯（Polly Klaas）被绑架案，以及辛普森谋杀案。人们从这些案件中获得的印象是，大多数犯罪受害者都是女性，尤其是白人女性。当然，受害者不是女性的罪行也受到过媒体关注，例如在纽约市本森赫斯特非裔年轻人优素福·霍金斯（Yusuf Hawkins）被杀案，或者在霍华德海滩事件中，一名青少年在试图躲避愤怒的暴徒时被车撞死，在这两起事件中，种族都扮演了重要角色。又或者是杰弗里·达默（Jeffrey Dahmer）犯下的离奇连环杀人案也备受关注。尽管如此，在媒体对犯罪、罪犯和受害者的报道中，针对女性的暴力犯罪仍然获得了不成比例的重视。

尽管媒体向我们呈现了令人恐惧的图景，但正如全国犯罪受害调查所发现的那样，美国女性的总体受害率是低于男性的：1994年，每1000名12岁及以上的人中，男性的犯罪受害人数为61.7，女性为45.1（Bureau of Justice Statistics 1996）。女性被杀的可能性是男性的三分之一。此外，尽管所有信息都表明女性在家更安全，但在谋杀案中女性受害者同时也是亲密关系暴力受害者的可能性是男性的10倍多。1992年的暴力犯罪中，约75%的单人罪犯和45%的团伙罪犯是受害者认识的人（Bureau of Justice Statistics 1995c）。虽然在媒体所描绘的图景中，伤害女性的很可能是陌生人，但现实却是，女性更有可能成为她们认识的人所犯罪行的受害者。女性被要求待在家里以保护自己免受犯罪伤害，然而女性在家里比在街上更容易受到攻击。事实上，在被配偶杀害的受害者中，约有86%是在家中被杀害的（Bureau of Justice Statistics 1994a）。

媒体所描绘的女性受害者形象各有不同,构成了一个光谱。在这个光谱的一端是"好的但愚蠢的女人"(因为"她应该知道"这一心态),比如在中央公园慢跑者案[①]中,一个20多岁的白人中产女性,在纽约市中央公园被一群黑人和拉美裔"狼群"青少年强奸。强奸案发生后,人们首先提出的问题之一是:"她怎么敢晚上去公园?"(Benedict 1992)据许多人说,这名28岁的投资银行的女员工之所以被强奸,是因为她出现在了一个不应该有女人的地方——一个公共公园,尤其是在天黑后(强奸案发生在晚上10点到10点55分之间)。巴西妇女玛丽亚·伊莎贝尔·平托·蒙泰罗·阿尔维斯(Maria Isabel Pinto Monteiro Alves)在中央公园被强奸和谋杀后,守护天使组织的工作人员开始向女性慢跑者发放传单:"女性慢跑者要小心。如果你选择在没有同伴的情况下进入公园,你将像狩猎季节的小鹿斑比一样,极度危险。如果你坚持挑战困难,那就把自己训练成为女版兰博[②],并准备好保护自己。天黑后!聪明点!远离公园!"(McLean 1995)这些意象是无可争辩的。女人被比作斑比,一只可爱而脆弱的小鹿,害怕森林里的黑暗阴影,并受到男性猎人的威胁。由于女性被假设像小鹿斑比一样无法自卫,因此需要建议她们离开某些地方,放弃某些活动,"聪明点",远离公园。换句话说,如果你不离开公园,你就是愚蠢的,如果你因此被强奸或杀害,那就是你的错。

---

① 1989年4月19日,一名28岁在华尔街投资银行工作的白人女性特丽莎·梅里(Trisha Meili)在纽约市中央公园慢跑时遭到强奸,并被歹徒残忍虐待。1990年,在证据不足的情况下,陪审团判决5名黑人青少年强奸、攻击和企图谋杀等罪名成立。2002年,真凶马蒂亚斯·雷耶斯(Matias Reyes)投案,5名黑人青少年沉冤昭雪。
② 兰博是史泰龙在电影《第一滴血》中饰演的英雄角色。2003年,史泰龙以"兰博"入选美国国家广播公司评出的"影视作品中的十大铁血猛男形象"。

在媒体所描绘的女性受害者形象光谱的另一端是"坏女人",比如卡罗尔·安·阿图蒂斯（Carol Ann Artutis）,她腐烂的尸体于1994年9月20日在纽约市西村哈德逊河沿岸的一辆长途拖车中被发现。据媒体报道,阿图蒂斯是一个离家出走的女孩,总是惹麻烦,和一群坏孩子混在一起,她是自己激情和罪恶的受害者。

卡罗尔·安·阿图蒂斯的一位朋友跟《纽约时报》的记者说："阿图蒂斯被性侵的恐惧困扰,以至于经常穿三层内衣。"（Treaster 1994）这句话代表了媒体对女性受害的另一个特征的呈现,戴安·拉塞尔（Dianne Russell 1993）称之为"让暴力变得性感"。在许多情况下,新闻媒体将针对女性的暴力犯罪呈现为某种娱乐,从而淡化了这种暴力对受害者及其家人和社会其他人的影响。

根据海伦·贝内迪克特（Helen Benedict 1992）的研究,在强奸案中,媒体倾向于在报道中使用许多流行的迷思来对犯罪进行色情化呈现。这些常见的迷思包括,"强奸是出于强烈的欲望""强奸就是某种性"或"女性诱发了强奸""女性应该被强奸"和"女性喜欢被强奸"。甚至用来描述这一罪行的词语也表明,媒体无法理解强奸的罪行及其含义。例如在中央公园慢跑者案中,新闻报道使用的是诸如抚摸和探索之类的词语,而不是控制、抓住或其他更能表现性侵的残忍程度的词语（Barak 1994a）。

娱乐节目中也充斥着暴力犯罪的画面。"越血腥越吸引眼球"似乎是娱乐业的座右铭。好莱坞电影、电视剧、肥皂剧和迷你剧将谋杀、抢劫、强奸和袭击带进了千家万户。据估计,25%的黄金时段电视节目都与犯罪有关（Surette 1992）。1991年,在美国所有电视电影中,50%将女性描述为某种类型的受害者（Elshtain 1995：52）,

在许多情况下，女性都是绝望的、被男性犯罪伤害的受害者。

卡塔利娜是一位来自波多黎各的 20 岁女性，她与我分享了她的故事：

> 我是从波多黎各来美国上大学的。我在美国度过的第一个晚上，就看了一部电影，讲的是在大学校园里一个很年轻的男人结识不同的女人。在了解她们并与她们交谈后，他就会强奸她们。我是和妈妈一起看的那部电影。她可能认为我对电影表现得还不够害怕，所以她告诉我在纽约生活有多难。据她说，女性很容易成为犯罪的目标，尤其是年轻女性，因为她们具有肉体吸引力却在街上缺乏警惕性。对她来说，年轻女性更加危险，因为她们没有意识到男人会如何带走你，强奸你，甚至杀死你。就是在那时，我瞠目结舌，体验到了另一种感受——恐惧。

卡塔利娜的话反映了娱乐媒体是如何影响她和她母亲的恐惧的。女性，"尤其是年轻女性"，容易成为男性的"犯罪目标"，她们完全在男性的掌控之下：他们可以"带走你""强奸你"，甚至"杀死你"。这种叙述中没有任何女性回应的可能性，只有面对男性暴力时的被动，这表明女性对自己的生活缺乏控制，在与男性的日常交流中面临许多不利因素。

媒体所宣扬的女性是受害者的观念，也获得了男性意识形态的支持，这种意识形态认为男性是永远强大的，女性是永远软弱的。矛盾的是，它既助长了女性的恐惧，又剥夺了她们的权力。正如让·爱尔斯坦（Jean Elshtain）所言，"女性=受害者"的形象嵌入女性的犯罪恐惧，这限制了女性"将自己视为有权利和责任的公民"的能力（1995：51）。犯罪恐惧告诉女性，有些权利是留给男性的，比如使用公共场所的权利、晚上散步的权利，或者，正如这项研究的一名参与者所说，"甚至是独自去餐馆或看电影的权利"。尽管这些地方应该对所有人开放，但由于担心受到犯罪伤害和可能受到性骚扰，女性实践这些权利的机会往往受到限制（Gardner Brooks 1995）。许多女性甚至不认为她们可以选择独自去这些地方。

第 二 章

制造好女孩

为了感到安全，我试着像"变色龙"一样生活。你知道，我就像变色龙那样。我试着像其他人一样，表现得像其他人，穿着也像其他人。我的意思是，我遵守规则，与周围的人打成一片。我穿着运动鞋，有时戴着棒球帽，穿着宽松的衣服，看起来更男性化。我尽量不引人注意。我觉得你看起来越女性化，就越有可能成为受害者。

——罗丝玛丽，一位 21 岁的非裔美国女性，住在纽约州北部的一个小镇上为什么美国人如此害怕成为犯罪的受害者？为什么近年来，尽管犯罪率有所下降，人们的恐惧却在增加？为什么女人比男人更害怕成为犯罪的受害者？为什么有些女性，比如罗丝玛丽，试图"变色""融合"，看起来更男性化？犯罪造成的恐惧是否带来了一些社会收益，比如当前的性别、阶层和种族权力结构是否被这种恐惧强化？

在《管控危机》一书中，斯图尔特·霍尔（Stuart Hall）和他的同事为回答前两个问题提供了一个理论框架（1978：35—6）。他们认为，围绕犯罪和罪犯的公共话语是"意识形态的指挥者"，使批评不再针对未能有效处理失业、贫困以及阶层、种族和性别不平等等紧迫社会问题的国家机构。因此，人们可以将国家未能解决的这些问题归咎于那些他们认为对于社会来说"危险"或"有威胁"的人。这种公共话语还为旨在控制这类人的打击性政策辩护，将他们定义为"法外狂徒"（Young 1996）。这个论点没有什么新鲜之处。社会学和犯罪学的主要研究都表明，犯罪及其控制能够规范和约束各阶层人口的行为，特别是少数族裔、失业者和穷人（Greenberg 1977; Jankovic 1977; Quinney 1974; Rusche and Kirchheimer 1968; Spitzer 1975）。

美国人的恐惧是有道理的。美国的贫困人口正在增加。在过去的几十年里，经济发生了深刻的变化。对企业活动的管制放松、涓滴经济学、工资增长停滞、大规模裁员加上社会项目的削减，导致了贫富差距扩大。例如在 1977 年至 1992 年间，杰斐逊式的美国平等与机会乐土的理想受到了挑战，因为美国最贫穷的 10% 的人口的税后收入减少了 20.3%，而最富有的 10% 的人口的税后收入增加了 40.9%，最上层的 5% 的人口的收入增加了 59.7%，而最富裕的 1% 的人口的收入增加了 135.7%（Piven and Cloward 1993）。《纽约时报》的一篇文章报道称，从 1968 年到 1994 年（也就是有完整数据的年份），收入不平等加剧了。在今天，贫富差距达到了第二次世界大战结束以来的最大值（Holmes 1996：A-1）。社会项目的削减进一步加剧了贫困水平，侵蚀了以前为穷人提供的一些保护。美国人口普查局（United States Census Bureau）估计，1993 年有 3690 万人，即美国人口的 14.5%，生活在贫困中。然而，政府将一个四口之家的贫困线定为每年 14 335 美元（U.S. Department of Commerce 1994）。如果我们把贫困线设定在一个更反映真实情况的水平上，那么被定义为穷人的人数将会更多。政府还设法提供了看似比较低的失业人数，因为这些数字排除了许多兼职、就业不足或必须做两三份工作才能维持生计的人。而且，裁员的威胁困扰着那些曾经认为自己因为受过教育和拥有相对的特权地位就可以免受失业影响的人。

此外，美国在世界市场上的地位也被新兴的欧洲共同体和日本等其他经济超级大国的竞争威胁。预测表明，下一代的生活方式可能会比我们这一代糟糕。美国许多社区受到诸多问题的困扰，从贫困到犯罪，从种族主义到毒品。

强大的保守派政治家和团体，如传统基金会（Heritage Foundation）、城市研究所（Urban Institute）、国家政策中心（Center for National Policy）和其他组织，成功地将福利计划和它们的主要受益者穷人、少数族裔和移民，定位为社会资源的主要消耗者，以及各种社会弊病的主要诱因。这些社会弊病包括不断加剧的贫困、道德败坏、未成年怀孕以及犯罪和青少年犯罪。政府机构因为无力处理这些问题而受到民众的冷嘲热讽。在这些危机时期，犯罪和犯罪恐惧将公众的焦虑从政府无力处理紧迫的社会问题上转移开去。一些群体充当了"替罪羊"，大众的焦虑转移到了那些容易成为社会恐惧的目标的人群身上（Hall et al. 1978）。

美国政治经常利用"敌人"。最近的敌人之一是共产主义者：这个国家数百万儿童在成长过程中学会了害怕苏联的入侵。而随着苏联的解体，共产主义者不再被认为是一个很大的威胁。尽管如此，寻找敌人的冲动仍然很强烈。目前的敌人或替罪羊不再是国际的敌人，而是国内的敌人：移民群体、福利领取者、未成年母亲、少数族裔。"他们"是美国人最新的恐惧的来源。

公然的种族主义事件反映了美国一些最重要的机构、越来越多的美国政治领导人以及美国大部分人的当前情绪。我们目睹了一群警察在洛杉矶袭击罗德尼·金（Rodney King）的画面；前洛杉矶警探马克·福尔曼（Mark Fuhrman）在辛普森案审判期间接受录音采访，在采访中，他公开对非裔美国人、犹太人和女性使用伤害和贬损的词语；加州州长、前总统候选人皮特·威尔逊（Pete Wilson）提议过加州反移民法；最近，南方地区的黑人教堂被烧毁。这些事件反映了人们对那些被视为"法外狂徒"或只是稀缺资源受益者的普遍态度，这些稀缺资源被许多人视为"真正的美国人"的专属遗产，而在美国这个移民国家中到底谁是"真正的美国人"则莫衷一是。

寻找替罪羊

美国政客和公众偏爱的两种替罪羊群体分别是移民和未成年母亲。我们的访谈也展示了"移民"被认为对美国问题,尤其是犯罪问题,负有责任的图景。我在纽约市曼哈顿下东区的一个老年中心采访了一个白人老年女性焦点小组里的一些参与者,她们特别提到了这一观念。吉恩分享了以下观点:

> 所有问题都在于今天在这个国家里的人。当年我父母来美国的时候……在美国的人是不一样的。现在,来了一些不尊重自己的人,这就是问题的全部。他们是罪犯。

尽管吉恩没有公开挑明,但她所说的"新移民"有可能暗示的是深色皮肤的移民,比如拉美裔和来自西印度群岛的人,他们是"问题的全部"。他们被视为对大部分犯罪负有责任。此外,尽管吉恩跟小组其他成员说她自己享受着社会福利,但她非常强调:

> 他们只想到我们的国家来靠福利生活。他们不想工作。他们只想靠我们生活,这就是他们犯罪的原因。他们懒得工作。

两位年长的工人阶层的白人女性,帕姆和帕特,参加了同一次小组讨论,她们提高了嗓音、挥动着双手,非常激动地总结道:

> 20、30、40 年前,到美国来的是不同类型的人。今天来的

都是些垃圾,这就是区别。他们没有受过是非对错的教育。他们不尊重任何人。只要他们不尊重任何人,就会是这样的。

我们伸出手欢迎每个人。来吧,我们来养你!(朝天花板举起双臂)这就是为什么我们有这么多的犯罪。我们就像金色神殿一样……你知道吗?大错特错!这就是问题的全部。

这种对罪犯的情绪化描述通过意识形态的"包装"呈现了几个交织在一起的图景:罪犯是新近迁入的、深色皮肤的移民;懒惰、贫穷、肮脏;想要靠"我们"生活;垃圾;依赖福利;对他人不尊重。尽管监狱统计数据并不是罪犯特征信息的最佳来源,但监狱统计数据是我们可以了解移民和犯罪的少数途径之一,因为一些研究表明,在犯下类似罪行的情况下,少数族裔比白人更有可能被逮捕和判刑。根据1991年对州立监狱囚犯进行的一项调查,大约4%,即每23名囚犯中就有1人不是美国公民。其中,45%的囚犯不是因为暴力犯罪,而是因为毒品相关犯罪而入狱的(Bureau of Justice Statistics 1992:3)。正如这些数字所显示,被关押在州立监狱的人中,96%实际上是美国公民。因此,大多数罪犯是移民的说法没有得到现有数据的支持。

矛盾的是,盖洛普组织的一项民意调查显示,纽约市的移民比土生土长的纽约人更加害怕犯罪。他们也更有可能成为犯罪的受害者(Friedman 1993:4,99)。然而,反移民情绪在今天已经司空见惯。在某些情况下,这些情绪会表现在针对外国人的刑事诉讼中。新泽西州卑尔根县的地方报纸《记录报》(*The Record*)报道了几起针对非法拉美裔移民的犯罪事件。在新泽西州北部两个宁静的郊区城镇费尔维尤和克利夫赛德帕克，青少年一直在袭击非法移民，后者向警察表示自己生活在围困之中。袭击者"肆无忌惮是因为非法移民不敢向警方报案，否则他们就会被发现然后被驱逐出境"。一名来自萨尔瓦多尚未获得身份的移民告诉《记录报》的记者："我晚上不出门……他们会因为我的黑头发、黑眼睛和皮肤而对我穷追不舍。"其中一名 19 岁的袭击者说："他们还没有意识到，当跟他们要钱时，他们可不能固执己见。你必须把钱交出来，伙计。"这名袭击者每天从布朗克斯前往费尔维尤和克利夫赛德帕克见他的女朋友，他继续说道："嘿，这在布朗克斯没什么大不了的。墨西哥人在那里每天都被搜刮干净。他们就是运气不好。"（Llorente 1995：A-1，A-12）费尔维尤和克利夫赛德帕克的警方承认，这些罪行并非孤立事件。它们是针对不会说英语的拉美裔的袭击模式的一部分，因为他们被认为是非法移民。两个警察部门对袭击事件的态度大相径庭。克利夫赛德帕克的警察正在开展一场宣传运动，宣传举报犯罪的非法移民不会被移交给移民归化局（Immigration and Naturalization Services）。但是在费尔维尤，警察局长表示尽管他希望非法移民能够举报犯罪，但他觉得必须将他们交给移民归化局（Pérez 1995：C-1）。

受访者还认为，未成年母亲是如今许多社会问题的罪魁祸首。罗丝是一位住在新泽西州北部郊区的年长女性，她对未成年母亲的评价如下：

> 她们就是有孩子的孩子。这就是今天的问题。这些年轻女性不明白，她们中许多人的孩子将成为明天的罪犯。她们怀孕的时候甚至还没读完高中。当然，她们必须退学，享受福利，

然后……当然，她们无法独自抚养孩子。孩子的父亲一直缺席。谁为这一切买单呢？我们！（用双手指向焦点小组的所有成员）

罗丝的观点并不罕见。怀孕的未成年少女依赖福利，她们是包括犯罪和吸毒在内的许多社会问题的根源，这一现象已成为日常对话和政治舞台上的一个主要议题。因而毫不奇怪的是，克林顿政府发起了一场反对青少年怀孕的运动。然而，这些女性本身成了恐惧和愤怒的目标。克林顿政府的这一努力忽视了她们生活中的许多现实：她们中的大多数人都是未成年性虐待的受害者，虐待者通常都是成年人。此外，美国国家卫生统计中心（National Center for Health Statistics）1991年对30万名未成年母亲进行的一项全国性研究表明，67%的母亲是与20岁以上的男性发生性行为而怀孕的，每天都会有400多名青少年女性与25岁以上的男子发生性行为而怀孕！这表明，被妖魔化的未成年母亲实际上并不应该是美国人恐惧的目标（Males 1994：A-15）。

有关犯罪与女性的研究视角

犯罪学一直是一门男性化的学科（Smart 1995；Young 1996）。自犯罪学学科建立以来，其研究重点一直集中在男性犯罪上。正如麦金农（MacKinnon 1987）所指出的，即使是关于平等和不平等的研究也将男性置于中心位置。女性进入犯罪学话语只是为了与男性进行比较，作为"对男性气质的否定"或"他者"（Young 1996）。克莱因（Klein 1995）梳理了犯罪学史上的各种脉络，这些研究脉络将离经叛道的女性描述为男性化的怪物（Lombroso 1920）、麻木不仁和缺乏道德价值观（Thomas 1907）、因缺乏阴茎而嫉妒男性（Freud 1933）、滥交（Davis 1961）和有操纵欲（Pollack 1950）。尽管犯罪学已经发展了一个多世纪，但是这些形象几乎没有改变。

女性罪犯的流行形象与犯罪学所描绘的形象相差不远。弗洛拉是一名十几岁的拉美裔学生，她在纽约布鲁克林一所社区学校的一次访谈中告诉我：

> 我宁愿和男人打交道。如今的女孩比男人更糟糕。她们什么都不在乎。如果她们想要你的钱财，她们可以杀了你……毫无理由。这就像她们不相信任何人。她们没有感情。她们只关心自己。我害怕她们。

同一访谈小组的参与者格洛丽亚补充道：

> 你就读读报纸或者看看电视新闻就知道女性是如何变得比男性更糟糕的。还记得那个女人吗？她叫什么名字来着……那个杀害两个孩子的母亲。苏珊·史密斯（Susan Smith）？是的。我想就是这个名字。她是个怪物……最糟糕的……男人不会做那样的事。我希望他们能像她对待她的孩子一样对待她。把她锁在车里，让她淹死在湖里。

当女性犯罪时，她们被视为怪物，比男性罪犯糟糕得多，因为她们违背了女性"应该如何"的强烈的刻板印象。例如苏珊·史密斯违反了神话式的母亲形象,那应该是真诚的、无条件的爱和关怀的终极表现。当犯罪的现实打破了这种刻板印象时,公众的反应就是愤怒的和怀恨在心的。

与这些先入为主的流行观念相反,犯罪学的最新发展不再关注抽象的道德概念,而是关注社会现实。钱布里斯和塞德曼(Chambliss and Seidman 1971)、乔治·沃尔德(George Vold 1958)、理查德·昆尼(Richard Quinney 1974)和史蒂文·斯皮策(Steven Spitzer 1975)等冲突犯罪学家的工作涉及讨论权力经济学,表明了富裕的和政治关系密切的社会群体是如何影响立法和司法实施,使其偏向他们的。法律体系并没有反映道德价值观,而是反映了那些有权将自己的观点纳入法律的人群的价值观和信仰。例如中产白人利益集团对法律机构的控制,解释了为什么如今的法律对持有强效可卡因(一种更便宜的可卡因形式)的人比持有粉末可卡因(同一种毒品的更昂贵形式)的人规定了更严厉的惩罚。前者的典型形象是一个下层非裔美国男性,站在市中心的一个福利住房前。后者的典型形象则是一个在郊区酒吧门前贩卖毒品的白人男性。强效可卡因是穷人和少数族裔的首选毒品,而白人、中产专业人士首选粉末可卡因。持有 5 克或 5 克以上的强效可卡因会被强制性判处最低为期 5 年的监禁。然而,对于粉末可卡因的持有者,被强制性判处最低为期 5 年的监禁的标准适用于持有 500 克或以上的粉末可卡因。相同的毒品导向的是根据社会经济阶层和种族的不同而不同的处罚(Clymer 1995:A–18;Dwyer 1994:A–2)。

20 世纪 70 年代,冲突理论在社会主义女性主义者的工作中不断演进发展，她们对早期研究工作中缺乏对性别等级制度的关注感到不满（Firestone 1971；Mitchell 1971）。她们指出，马克思和恩格斯，以及冲突主义理论家和马克思主义思想家，没有考虑到性别分工。她们认为，法律不仅反映了经济和政治精英的利益，也反映了性别差异。因此，纯粹的经济分析并不能完全呈现性别差异的动力机制。所以，在犯罪学领域中，男性优越的经济和政治权力以及在法律体系中占主导地位的研究视角都证明了性别差异的持续存在。

以强奸受害者和杀害施暴丈夫的女性为例，在证据检视中存在男性偏见。强奸是唯一一种必须对受害者的行为进行判断以证明其不同意的犯罪（Carlen 1994；MacKinnon 1993，1987）。想象一下，如果一个人是其它犯罪的受害者，比如入室行窃或汽车盗窃，她就必须证明为什么她要把电视机放在客厅里，把电脑放在办公室的办公桌上面，或者为什么她的车停在了"错误的"街道上！在杀害施暴丈夫的案件中，直到最近，少数案件中的少数法官才开始在宣判时考虑到被虐待女性所遭受的心理创伤和精神恐惧。尽管如此，许多人仍被判处 15 年或 15 年以上的刑期（Lew 1994）。

最近，马里兰州男子肯尼斯·皮科克（Kenneth Peacock）的案件说明了男性的价值观和观点对司法判决的影响。皮科克是一名 36 岁的卡车司机，1994 年 2 月，他在从宾夕法尼亚州前往佛罗里达州的途中遭遇了风暴。他打电话回家通知妻子桑德拉他要迟些到家，但没有人接电话。当他半夜回到家时，发现他的妻子和另一个男人躺在床上。在喝酒和争吵之后，这位卡车司机用猎枪射向了他妻子的头部。他承认故意杀人罪，但巴尔的摩县巡回法院法官罗伯特·E.卡希尔（Robert E. Cahill）声称他根本不想把皮科克送进监狱，所以只判处了凶手 18 个月监禁。法官说:"我真的很想知道,有多少结婚五年、四年的男人有能力在不采取肢体惩罚的情况下离开那种情境。"卡希尔法官的话反映了一种普遍的看法,即如果一个男人面对这种情况选择了离开,他就不是一个真正的男人(Lewin 1994)。

犯罪、不守规矩的女性与社会控制

致力于犯罪和社会控制领域的大多数研究工作都将所谓的有威胁的人群等同于穷人、失业者和少数族裔男性。直到 20 世纪 70 年代,一些研究才试图将女性纳入社会希望加以控制的群体。例如一些关于"巫术"的研究涉及对"离经叛道"女性的社会控制和污名化,这类研究与本书主题有关(Szasz 1970)。从中世纪晚期到西欧的反宗教改革运动(Counter-Reformation),无数女性被当作女巫而遭受折磨和杀害。保守估计,从 15 世纪初到 1650 年,被判处死刑的女巫人数在 20 万到 50 万之间。尽管男性、儿童甚至整个家庭也有可能会在猎巫中被烧死,但 85% 被处决者是女性(Goode and Ben-Yehuda 1994)。研究表明,折磨和烧死"女巫"是打击和控制那些与众不同的女性的一种方式,她们挑战了将男性及其制度置于最高权威地位的传统。1484 年,天主教会发布了《女巫之槌》(*Malleus Maleficarum*),其中阐述了教会对巫术的立场,认定巫术源于女性的肉欲,是"永不满足的"肉欲(Dworkin 1974)。对女巫的指控包括与魔鬼交媾、摘除男性阴茎用于神秘仪式、从熟睡的男性身上偷取精子以及吞食新生儿(Ehrenreich and English 1978)。

正如许多研究者所发现的那样，猎巫是教会和医学界建立对神圣和世俗事务的父权权威的一种方式。他们针对的是那些"渗透"到本应是男性遗产的知识或智慧领域的女性，如治疗、提供节育、服用缓解疼痛的药物以及在分娩期间帮助女性。对于医生和宗教权威来说，这些治疗师或智女是篡夺者，试图侵蚀他们对知识的垄断。因此，她们需要被控制（Ehrenreich and English 1978）。

在17世纪末的美国，大约有20人被当作女巫审判，其中包括一些男性。凯·埃里克森（Kai Erikson）的名著《任性的清教徒》（*Wayward Puritans* 1966）中提到的蒂图巴（Tituba），是来自巴巴多斯的厨房仆役；萨拉·古德（Sara Good），是村里的丑老太婆；萨拉·奥斯本（Sara Osburne），是一位声誉可疑的地位较高的女性——她们只是今天所说的"女巫"的前身。女巫让我们感到恐惧，也让我们着迷。她们与众不同，胆大包天，她们打破了我们对正常生活的想象，挑战着社会的极限和界限。美国观众涌入电影院，只为观看梅丽尔·斯特里普（Meryl Streep）在魔幻现实主义小说《幽灵之家》（*The House of the Spirits*）的电影版中所扮演的能预知未来的克拉拉（Clara）——一个传统智利社会中的拉丁美洲女巫，她什么都不怕，"永远免受恐惧和意外"的影响（Allende 1993：74）。克拉拉什么都不怕，这只是巧合吗？正如作家伊莎贝尔·阿连德（Isabel Allende）所认为的那样？女巫什么都不怕吗？这就是她们如此可怕的原因吗？这就是为什么她们需要被控制、限制、约束、排斥和恐吓吗？这些女性是否因为打破既定规范和社会界限而被列入了威胁群体？

我通过纽约市的一个社区组织联系了一些16至19岁无家可归

的非裔青少年女性，在其中一个她们组成的焦点小组中，三名年轻女性说过"我什么都不担心""没有什么让我害怕"或类似的话。下面是小组中三位参与者艾维特、克拉拉和玛丽的叙述：

> 我每天晚上都出去，晚上的任何时候，想什么时候出去就什么时候出去，想什么时候回来就什么时候回来，没有人能妨碍我。也许我身上有一块牌子，上面写着："别跟我捣乱！"我不知道，但这就是为什么我告诉你，我什么都不怕。我从13岁起，就一个人在街上了……我从13岁起。所以现在，我已经习惯了。如果早上5点我发现自己在地铁里，这对我来说没什么。我觉得这就是普通的一天。
>
> 我什么都不担心。这完全取决于你对那些局外人的态度。如果你是一个胆小的人，你表现得很害怕，表现得很紧张，那攻击者就总是会出现，因为他们知道。但如果你表现得像——如果你走这条路，我就要把你干翻，他们就不会惹你了。
>
> 我也是这样。比方说，我坐在那里，我已经知道她的态度，无论她是胆大的还是胆小的。（指着小组的另一名成员）你只需要看看对方的反应。

这三名无家可归的青少年说，经过街头生活，她们已经学会了如何"解读"人们的态度，以此来保护自己免受恐惧的影响。她们是"新女巫"，也被当作了替罪羊，但是她们并不感到害怕。她们的"街头智慧"使她们能够在纽约市的街上生存，在那里她们的选择和机会是非常有限的。

关于女性的社会控制的研究聚焦于她们作为违法者的角色（Adler 1975；Faith 1993；Heidensohn 1985；Smart 1976）。有一些研究认为，女性犯下某些罪行是由于她们的社会劣势。典型的女性犯罪，如商店行窃、信用卡欺诈和开空头支票，反映了女性的经济弱势，并延伸展示了女性作为消费者在社会中的作用（Andersen 1993）。具有讽刺意味的是，尽管女性被认为是商品的主要购买者，但她们的经济弱势又限制了她们消费的机会。其他典型的女性犯罪，如卖淫，是与为了男性的满足而将女性身体商品化和物化有关。女性转向卖淫，是因为她们缺乏获得高薪、体面工作的机会（Faith 1993）。

另一些研究聚焦讨论了刑事司法系统的不同机构在处理女性犯罪问题时的主导意识形态。女性气质和"好女孩"的适宜行为等观念弥漫在警察、法院和惩教机构中。即使犯罪学家所使用的"女性罪犯"一词也促进了"基于性别的物化和刻板印象"，因为它表明女孩和女性"所具有的攻击性与男性和男孩的不同，反之亦然"。将这一标签贴在被判有罪的女性身上即否认了女性犯罪的多样性，从谋杀到白领犯罪，都将女性罪犯定型为"不守规矩的女性"（Faith 1993：57）。

社会控制研究的一个主要问题是过于强调惩罚和强迫。如果与"从父母到学校的不间断的纪律规训、自我规训技术和意识形态表达的力量相比，监狱和警察在维护社会秩序方面似乎只占据了相当边缘的位置，或者至少是比较温和的位置"（Platt 1994b：74）。事实上，控制女性生活的大多数机制，几乎可以在日常的大众媒体、电影、故事以及父母和孩子、老师和学生、同事和朋友之间看似无害的对话所传递和强化的代码、符号、词语、仪式和图像中找到。

尽管大多数关于控制女性的研究都集中在违法行为上，但女性主义研究者最近将注意力转向了与控制女性相关的其他力量：她们的社会经济地位和政治弱势地位，以及限制她们生活的主导叙事。帕特·卡伦（Pat Carlen 1994）出色地总结了这些研究的主要领域。这些领域包括：父权制经济和意识形态、女性气质话语、女性在家庭中的作用以及社会福利制度。

不同的研究考察了父权制经济和意识形态控制女性的方式。例如詹姆斯·梅塞施密特（James Messerschmidt 1986）探讨了父权制和阶层关系对犯罪因果链条的影响。他坚持认为，阶层和性别关系通过限制女性的职业晋升机会，在女性违法行为中发挥了重要作用。其他女性主义研究者则认为，民法和刑法都包含着男性的"精神气质"。凯瑟琳·麦金农（Catharine MacKinnon 1993）指出，"在女性主义的意义上，国家是男性的"。她认为，国家"以男性看待和对待女性的方式来看待和对待女性"。麦金农以强奸法为例，展示了男性观点在刑法中的主导地位。强奸和性行为之间的区别被认为在于女性的同意或意愿以及是否使用暴力。然而，女性是在社会化过程中被教育成被动的和顺从的，而男性则是积极的和好斗的。在我们的社会中，男人掌握控制权：他们决定何时、何地以及如何发生性行为。因此，在不平等的情况下要证明"未经同意"是法律中男性立场的反映。

其他研究尝试论证流行的"女性气质话语"，即流行叙事中的女性形象，有助于施加给女性各种非正式控制。几项研究检视了社会对女性"适当"角色的看法，探讨了这些看法对女性生活中的犯罪和越轨行为的定义，以及它们对女性行为进行规训和监控的方法

（Cain 1989）。卡琳·费丝（Karlene Faith 1993）解释了为什么好莱坞电影很少从同情的角度出发呈现女性罪犯的声音。事实上，当女性罪犯出现时，她们就被定型为"男性化的怪物"（Faith 1993：256）。这一趋势的例子之一是 1991 年的电影《推动摇篮的手》（*The Hand That Rocks the Cradle*）。丽贝卡·德·莫妮（Rebecca De Mornay）饰演一个女骗子，她被委托照顾一个孩子，却几乎毁掉了一个完美的家庭。这一形象完全符合似乎被邪恶力量附身的女性罪犯的形象。早期的类似例子出现在 1987 年上映的电影《致命诱惑》（*Fatal Attraction*）中，格伦·克洛斯（Glenn Close）扮演了一个病态的女人，她介入了一个除了丈夫"偶有过失"但看似幸福的家庭。克洛斯的角色体现了一个自由的/妖魔化的女性形象，她最后被情人的妻子杀死。有权势的女性也经常被妖魔化，并以类似的方式被定型为"男性化的"和邪恶的。正如《纽约时报》评论员弗兰克·里奇（Frank Rich）所说："如果一个女人要变得强大，她最好像《桃色机密》（*Disclosure*）中的黛米·摩尔（Demi Moore）那样，成为男性幻想中的性爱狂魔，而不是睿智强大的乔·马奇（Jo March）[①]，她竟敢拒绝隔壁的帅哥。"（Faith 1993）

芭芭拉·厄莱雷奇和迪尔德丽·英格利希（Barbara Ehrenreich and Deirdre English 1978）的研究工作清楚表明了家庭和福利机构对女性生活的控制。她们认为，由于家庭被定义为"女性领域"，是远离市场或公共领域等冰冷世界的避难所，因此女性的活动和机会受到了限制。通过将女性置于家庭中，社会将女性气质等同于直觉和

[①] 《小妇人》中的女主人公，热爱写作、勇敢坚毅，并且用自己的行动来反抗社会对女性的偏见。

情感，将男性气质等同于理性和竞争力，将女性独立等同于家庭价值观被侵蚀。在社会控制问题上，这种将私人领域或家庭视为对男女两性都"安全"的空间二分法，造成了人们对女性作为犯罪行为受害者的严重误解和曲解。大多数人仍然将犯罪与公共领域联系在一起。然而，关于家庭暴力的研究表明，女性在家庭中受害的概率更高。

研究社会控制的理论家卡伦（Carlen 1994）将对女性约束的研究推向了另一个方向，不是追问女性为什么违法，而是问她们为什么选择遵守法律。在大多数社会中，女性犯罪率远低于男性。根据统计数据显示，1994年警方逮捕了11 765 764人。在被捕者中，80.5%为男性，19.5%为女性（Bureau of Justice Statistics 1995a: 386）。根据联邦调查局的统计，除卖淫和逃跑外，男性因各种罪行被捕的人数都多于女性。女性被拘留的次数也比男性少。根据1991年监狱年度调查（Annual Survey of Jails），男性平均每日被拘留人数为381 458人，女性为38 818人，即每拘留一名女性，就有10名男性被拘留。监狱系统揭示了男女之间更为显著的差异。1991年，美国的各州和联邦机构监禁了745 520名男性和43 827名女性，即每一名女性被监禁，就有17名男性被监禁（Bureau of Justice Statistics 1992: 590—608）。

尽管被捕的女性人数在增加，拘留所和监狱中的女性人数也在增加，但司法系统的打击性措施仍然主要针对男性。人们不禁要问，明明女性的刑罚强度比男性更低，那社会是如何迫使女性群体更加顺从的？这也许是因为强加给女性的社会控制形式更具约束性，女性的犯罪行为被认为更"反常"。尽管男孩被认为是"惹是生非"的一方，但女孩一方却被教导要"举止得体"和"像淑女一样"。因此，对女性的控制主要是通过性别社会化和双重道德标准等非正式机制实现的，而监狱等主要社会规训机构的使用则不那么重要。正如一位女性主义犯罪学家所指出的，对女性的控制可能是"内部的或外部的、隐秘的或明确的、私人的或公共的、意识形态的或压制性的"。事实上，对女性的控制的"主要来源"是"在司法影响之外"，更确切地说，是在"看似无害的社会过程"中（Smart and Smart 1978）。

为了你自己

控制女性生活最重要的机制之一是犯罪恐惧。人们普遍认为，犯罪恐惧是"为了自己好"，因而限制了女性的生活，这样的观念掩盖了它的实际影响。正如17岁的拉美裔女性伊丽莎白在一次生动的讨论中与其他人分享的那样：

> 我知道，我知道。我又不蠢。我知道你的意思。我不会做很多我本来想做的事。好吧，这是真的。但我知道，天黑后我男朋友不让我出去是因为他关心我，想保护我。他是个男人，他比我更了解街上的情况。外面的世界糟透了！女性总是被骚扰。我可不会为了要假装很强就晚上往外跑。

伊丽莎白的话直白地反映了一个残酷的现实：女性经常会成为

街头骚扰的受害者（Gardner 1995）。不过，我在这里想说的并不是她应该走出去"展示自己有多强"。相反，伊丽莎白和男友之间的互动在个人微观层面上反映并证实了整个社会存在的性别差距。他"熟悉街道"，而她应该待在安全的家里。伊丽莎白的"安全"以爱和关怀的名义得到了保护，这种保护的实施既没有使用警棍，也没有使用任何打击性的手段。

犯罪恐惧植根于社会成员普遍存在的犯罪"意识形态"或概念中。这些意识形态不仅会被用来解释犯罪的性质、原因、控制犯罪的方式以及如何避免成为受害者（Hall et al. 1978）；它们也包含了一个关于罪犯、受害者以及他们之间关系的图像库。

两类主要的概念或意识形态塑造了我们对当今美国犯罪和罪犯的想象。更"保守"的观点认为，犯罪是社会重要价值观恶化的结果，包括尊重、纪律、职业道德和道德，所有这些价值观都是由一个主要的社会制度——家庭——传递给我们的。根据保守派的观点，控制犯罪的方法是通过更传统的家庭结构恢复这些价值观，并控制那些在更严格的法律、更多警察和更多监狱的情况下仍然会越轨的人。家庭价值的概念在民主党和共和党的政治议程中一直位居前列，两党都竞相将自己描绘成终极道德斗士（Becker 1964）。根据保守派的观点，罪犯不守纪律，没有基本的道德价值观，他们中的许多人没有工作、滥交、贫穷，当然还是少数族裔。保守派认为，个人而非社会力量应为基本家庭价值观的被破坏负责，但他们从未探讨这种价值破坏的系统性和历史性根源，例如大家庭甚至核心家庭的分裂使得人们不得不反复搬迁以寻找新的工作。

另一方面，"自由主义"的犯罪观将犯罪归咎于个人无法控制的力量，如社会化过程的失败、缺乏教育和机会、心理问题或以上所有问题。根据自由主义的观点，罪犯可能是精神失常或心理变态，他们误入歧途不是因为自己的过错；也可能是因为贫穷、社会化程度低的人，他们需要再教育、职业培训和榜样教育来教他们如何"做好人"，从而重新融入主流社会。

当然，这里所描述的自由派和保守派立场只是对犯罪和罪犯最常见观点的粗略概述。我们不应否认，还有许多观点与这两类主要观点不同，或者在某种程度上是这两类主要观点的某种组合。尽管如此，它们与本书的主题特别相关，因为它们是最常见的观点，所以它们为我们提供了一个关于美国犯罪和罪犯公众形象的总体视角。

20世纪80年代，保守派的犯罪观开始建立比自由主义犯罪观更好的基础。它们即使还不是唯一一种被广泛接受的观念，也逐渐成了社会主流。若干因素促成了这种意识形态的兴起。首先，人们普遍认为，今天的社会弊病源于20世纪60年代和70年代的宽松社会氛围，尤其是那个时期出现的社会运动：嬉皮士运动、反战运动和女性运动。对于保守派来说，这些文化现象被视为破坏美国社会基本价值观的主要原因。众议院议长纽特·金里奇（Newt Gingrich）在他的一次著名的电视大学课程演讲中声称，美国社会疾病的开始可以准确地追溯到1965年（Nelson 1995：A–8）。苏珊·法鲁迪（Susan Faludi）指出了在里根/布什时代，女性运动，特别是女性主义是如何被界定为不同社会弊病的罪魁祸首的，从家庭不稳定到青少年自杀，再到犯罪率上升（1991）。"获得解放"的女性被认为是这些社会弊病的祸根。换言之，只有当女性回到自己家中时，情况才会有所不同。

保守派的观点占主导地位的第二个原因是，左派未能提出令人信服的驳斥，为影响数百万美国人的社会问题，如未成年怀孕、毒品和社区犯罪提供有效的回应。而右派则成功地将保守派的犯罪观与美国传统基本价值观联系了起来：自律、自立、有职业道德、有担当、有公民责任感、遵守家庭和宗教价值观以及尊重合法权威。此外，保守派有效地将美国人的身份观念与这些道德品质联系了起来。"真正的美国人"——通常只被认为是欧洲人后裔——是正派的、守纪律的、有工作的、注重家庭的人，他们尊重权威，从不违法（关于"英国性"的类似分析，见霍尔等人的研究，Hall et al. 1978：138—177）。

犯罪是对保守意识形态所代表的、与美国人相关联的一切的否定。这是对所有这些美德的否认：正如我最近看到的汽车保险杠贴纸所宣称的那样，这是反美的。罪犯不守纪律，好吃懒做，不尊重他人，不负责任，不遵循家庭和宗教价值观，不尊重权威，违法乱纪。这些概念以深刻的象征性方式传达了这样一种观念，即罪犯不是真正的美国人，他们来自不同的族群。此外，对许多人来说，犯罪问题每天都在提醒着人们，教会、学校尤其是家庭等主要社会机构未能反复灌输这些价值观，因为这些价值观是经由这些机构，尤其是家庭传递给新一代的。关于家庭价值观被破坏的流行话语引起了公众的恐惧和焦虑，因为它们触及了美国精神的核心主题。在这一框架下，犯罪，即街头犯罪，而不是白领犯罪，就成了一股强大的组织化力量，因为它触及了美国人的"内核"。

我认为，主流的犯罪意识形态中所包含的犯罪形象和呈现加剧了女性的恐惧（Hall et al. 1978）。这种意识形态是由这些主要假设形成的：什么是犯罪，谁更有可能犯罪，谁更可能成为受害者，罪犯和受害者之间的关系是什么，犯罪在何时何地更有可能发生，以及控制或预防犯罪的最佳方法是什么。这些观念反映了"一些深深植根于传统的社会态度，以至于它们看起来是理所当然的"（Reiman 1995：6）。通过呼吁回归基本信仰，这些问题往往会将美国人团结在那些发誓要打击犯罪和维护"美国价值观"的政治家的旗下。事实上，这些图像被转化为了一种跨越阶层、种族和性别的社会意识形态，创造了一种令人信服的、几乎是国家化的犯罪和罪犯图景。这些图景被美国社会大多数的成员视为有道理的，无论他们在各种社会等级中的地位如何，也无论他们的生活经历是如何多样甚至如何矛盾的。它们被纳入了一个未编码的、情绪化的、极其强大的意识形态结构中，至少在一定程度上，几乎每一个美国人都受到了这种结构的影响（Hall et al. 1978）。正如安东尼奥·葛兰西（Antonio Gramsci）所说，精英的权力不仅基于武力的使用，最重要的是对社会思想和道德方向的控制以及为公民提供"模范行为"模式的能力（Pellicani 1981）。

自由派和保守派的观点在一个基本的方面不谋而合：它们都认为家庭是实施犯罪控制的地方，而家庭所处的社会结构是无可指摘的。因此，家庭价值观成为许多社会顽疾特别是犯罪问题的解决方案，而这些价值观的传播在很大程度上取决于女性。女性的首要责任是照顾和保护她们的孩子，这种观念在美国社会中仍然盛行。许多人认为，如果孩子出了什么事，或者孩子"误入歧途"，那都是女性的错。这绝不是想象或者错觉。最近的几项法院裁决无疑证实了这些态度就是某种社会现实。华盛顿一名法官最近拒绝了一名参议院助理对其子女的监护权，因为他认为这位母亲更专注于自己的事业，而不是照顾她的子女。密歇根州的一名大学生也失去了对女儿的监护权，因为她把女儿送到了儿童保育中心，以便自己能上一所好大学（Chira 1994）。

女性主义法律学者表示，职业母亲之所以会受到惩罚，是因为一些法官认为职业女性"无法做母亲"（Chira 1994）。女性了解这一点，并将社会的态度和观念内化于心。在一个焦点小组中，三位非裔母亲毫不含糊地表达了这些担忧：

> 没错。因为对于任何发生在你孩子身上的事情，你都会觉得是你的错。你本可以作别的选择。但你总是会在事后批评自己。
>
> 通常我都在家。所以他（她16岁的儿子）也会期待我每次都能在家。他有钥匙，但他不用。他想让我在家里……我告诉他每天早上都要确保自己带上了钥匙，我总是担心如果有时我不在，他就只能待在街上……想象一下，如果他出了什么事，或者遇到了麻烦。所以我总是待在家里等他。
>
> 妈妈们总是在家里。大部分时间我都在家里。如果我没在，我也是在回家的路上。
>
> 是的，现实是孩子们的安全取决于女性。

不得不把孩子送到儿童保育中心的女性会觉得"好像我们做错了什么"。许多母亲对儿童保育中心存在缺陷的报道感到害怕（Quindlen 1994）。被称为育儿大师的英国专家佩内洛普·利奇（Penelope Leach）最近出版的一本书让女性在不得不工作时更加感到担忧和内疚。利奇声称："孩子的智商、性情、价值观和孩子成功的机会在很大程度上取决于他们的幼年阶段，除非社会在孩子幼年时让他们有更多的时间与父母在一起，否则……因为兼职育儿而受到伤害的婴儿将使社会付出更大的代价：暴力、犯罪、吸毒，这些都是西方后工业化社会的主要问题。"（Kinkead 1994）

然而，正如非裔女性在焦点小组中所表达的那样，全职育儿通常意味着女性全职育儿，因为女性仍然比男性更有可能待在家里。此外，政府非但没有为儿童保育中心提供更多的资金补贴，反而削减了这方面的财政补贴。因此，女性的选择非常有限，因为她们担心如果孩子们出了什么事，"那将是我的错"。

现实情况是，大多数女性参与工作是因为她们不得不工作。大多数家庭仅靠一份工资收入是无法生活的。此外，美国是世界上离婚率最高的国家：一年内每两次婚姻就有一次离婚。换句话说，如今50%的婚姻以离婚告终（U.S. Bureau of Census 1990）。此外，越来越多的家庭由单身女性，特别是有色人种单身女性担任户主（Sidel 1992）。但即使在双亲家庭中，女性仍然是孩子的主要照顾者和家庭价值观的主要守护者。

女性作为家庭价值观守护者的形象在传统上被用作社会控制的手段。例如芭芭拉·厄莱雷奇和迪尔德丽·英格利希（1978）阐释了20世纪的心理学如何通过将母亲贬低为儿童心理和行为问题的主要原因之一来塑造"坏母亲"的形象。厄莱雷奇和英格利希引用了约翰·鲍比（John Bowlby）的《产妇护理与心理健康》（*Maternal Care* and Mental Health）一书，解释了家庭失败的归因是如何从"父母死亡"到"母亲全职工作"等各种因素的。因此，母亲心中的核心恐惧是：如果她失败了，她的孩子可能会成为瘾君子甚至罪犯。女性必须待在家里，以确保她们的孩子成为"负责任的公民"，不会卷入毒品问题，也不会惹上麻烦。这样一种信息被传达开来：做一个好母亲，待在家里，否则你的家庭就会失败，这将是你的错。因此，犯罪恐惧强化了家庭中的性别角色，女性被视为儿童及其安全的主要照顾者和监护人。

女性对其子女可能成为犯罪受害者或可能参与越轨或犯罪行为的恐惧，会产生一定的政治后果。它通过将女性束缚在严格的性别期望范围内，导致了女性的社会顺从，不仅在家庭，而且在社会生活的不同领域：工作和公共空间中，使性别关系永久化。与男性相比，女性往往不得不限制自己的活动，这样她们才能成为"好妈妈"，并通过开车或步行接送孩子上学、辅导孩子做作业来保护孩子。所有这些活动都限制了女性所能达到的教育水平、所能得到的工作类型以及她们的具体工作性质。此外，正如我们所说，女性在控制犯罪方面承担着巨大的责任。因为女性需要照顾好自己，她们不能去"错误的地方"（比如中央公园慢跑者），不能做"错误的事情"（比如在纽约市拖车中被发现的卡罗尔·安·阿图蒂斯），不能穿"错误的衣服"，也不能以"错误的方式"与"错误的人"互动。但她们也必须保护自己的孩子，以免他们变"坏"。因此，在大多数情况下，女性不需要警察、法院和监狱的控制，因为她们对自己的控制是非正式的和内化的，但这些控制也同样是阴险的和束缚的。

犯罪恐惧确实是控制女性生活的一股极其重要的力量。犯罪、罪犯、受害者及其关系的图景有助于大众达成有关什么地方和什么时间对于女性来说是安全的，什么行为适合女性和男性，什么角色适合男性和女性等问题的共识。

住在纽约市郊区的一位30岁白人中产女性约瑟法与我分享了以下的故事：

> 你知道，我以前没想过这事。但是现在我们却在谈这个……嗯！我才意识到我有多少事情会因为恐惧而不去做……让我生气的是我很自然地就做了这些决定。你知道……好像这是正常的事情。我就只是不去做罢了。没有人告诉我不必这样做。但是，我知道，不知怎么的，如果我这样做，比如自己去酒吧，甚至去餐馆，或者……甚至去看电影或晚上散步……即使就在这附近，这里本来也应该是安全的……我可能就会有麻烦，然后每个人都会说：她是不是疯了？所以，我就只是不去做。我让我男朋友和我一起去。

从出生开始，无形的墙就围绕着女性，限制着她们的生活和日常活动。打着"保护女性安全"的旗号，对她们实施严格的行为规范，使得正式的规训机构变得不再必要。因此，研究对女性的社会限制必须考虑到犯罪恐惧。这类研究应该在传统的犯罪与刑罚理论的语境之外进行。而且它应该根据女性的年龄、种族、社会经济阶层和性取向，运用便于分享和理解女性不同经历的语言和交流的形式，研究女性的物质和日常生活条件。

当前有关犯罪的意识形态充斥着女性作为犯罪受害者和男性作

为罪犯,谁是罪犯,谁是受害者,以及犯罪可能发生的地点、时间和原因等图景。女性经常被迫放弃她们喜欢的活动,比如在夏夜散步,独自去公园,或者正如约瑟法所说,甚至去看电影或去餐馆。对于"糟糕的事情可能发生在她们身上"的恐惧在很小的时候就教给了女性:什么是"她们的位置",谁被期望成为强者,谁被期望成为弱者,谁应该受到保护,谁应该是保护者,女性应该穿什么类型的衣服,应该或不应该从事什么类型的活动。如果这些明确的、性别化的行为规则没有得到严格遵守,女性就会因为受到伤害而被指责,因为好女人应该对此"心知肚明"。

第三章

作为社会控制的犯罪恐惧

成为犯罪受害者的可能性一直萦绕在我的脑海中;思考它就像……呼吸……一样自然。最令人不安的犯罪是在空无一人的火车车厢里被一群年轻人逼入绝境,并受到暴力伤害……无处可逃,求救无门,任由这群野兽摆布。

——迈克拉,一位 40 岁的白人中产女性,居住在纽约市曼哈顿上城尽管许多研究者探讨了犯罪恐惧,但很少有人试图对其进行定义。正如马克·瓦尔(Mark Warr 1984)所发现的,犯罪恐惧这个短语被用来定义许多不同的感受、情绪和态度,以至于它已经失去了专用性。大多数学者都没有明确定义这个概念,而是使用了一个或多个问题从受访者那里引出有关犯罪恐惧的信息(Ferraro and LaGrange 1987;LaGrange and Ferraro 1989)。两个最常见的问题是,"白天和晚上独自一人在这附近会感到安全吗?"(Balkin 1979;Box et.al 1988;Covington and Taylor 1991;Garofalo 1979;Liska et.al 1991;Maxfield 1984;Taylor and Covington 1993)"这附近,比如一英里以内,有没有哪个区域是你会害怕在晚上独自行走的?"(Braungart et al. 1980;Clementean and Kleiman 1977;Ortega and Myles 1987)其他学者向受访者提出了更具体的问题,比如他们对成为特定罪行的受害者有多害怕,或者他们是否担心家庭成员会受伤害(LaGrange and Ferraro 1989;Taylor and Hale 1986;Warr 1984;Warr and Stafford 1983)。这两类问题衡量的是不同的社会事实。前一类衡量的是个人在夜间或白天独自在附近散步的意愿,而后一类则涉及受害的可能性在受访者中引发的情绪。

《韦氏新美语词典》(*Webster's New American Dictionary*)将恐惧定义为"一种不愉快的、往往是由对危险的预感或意识引起的强烈情感"。当人们经历犯罪恐惧时,他们对一种非常具体的危险有预感或认识，即成为犯罪行为受害者的危险。因此，要想知道一个人是否害怕犯罪，我们至少需要知道以下信息：首先，受害的可能性是否会引发受访者的情绪？这是什么类型的情绪？是担心、困扰、警惕、心烦、不安、忧虑、恐慌、恐惧吗？这些情绪是否反映了不同程度的恐惧？其次，这个人是否设想过她自己会发生什么事？她是否将具体的犯罪和犯罪画面与这些设想联系起来？这些画面具体是什么？在对犯罪恐惧的研究中经常使用的一个重要相关问题是，这些画面是否受到脆弱感、性别、种族或经济社会背景的影响。这些问题的答案应该能够提供一些信息，帮助我们概念化并理解犯罪恐惧。

由于在社会化方面的差异，无论种族或阶层如何，男性和女性在承认自己感到害怕和承认自己面临受害风险的倾向方面可能存在很大差异。因此，他们的回答可能无法反映他们实际的感受。在犯罪恐惧研究中，这些差异在方法论上的影响是巨大的，但令人惊讶的是，它们却很少受到关注。大多数研究表明，女性比男性更害怕犯罪；然而，这些发现可能会受到以下事实的影响：由于社会化的原因，女性更愿意承认自己的恐惧心理，或者承认不愿意将自己置于危险之中。此外，由于处于社会弱势地位，女性可能更清楚地意识到自己易受到暴力侵害（Stanko 1990：14—15）。

在对不同年龄段的个体进行研究时，也可能出现类似的方法论问题，因为年轻人也可能不太愿意承认自己的恐惧，正如一些研究所表明的那样，他们比老年人更有可能承担风险（Cove 1985）。然而，不愿意表达恐惧和愿意冒险并不意味着受访者就不害怕。因此，如何从不同年龄段的人那里获得有关其恐惧感受的有效答案，成为方法论上的一项挑战。当与来自不同文化和种族背景的人打交道时，这个问题也可能是存在的，因为有些人要么比其他人更自由地表达自己的感受，要么更愿意以冷漠的方式来表达这些感受。同样，阶层和教育背景也可能影响一个人情感的表达。例如上层人士和受教育程度较高的人可能会更谨慎地选择他们的用词，或者可能会以一种不那么情绪化的方式表达他们的感受。

在研究不同年龄、阶层和种族背景的女性的犯罪恐惧时，我选择围绕主题，使用一个非常笼统的提问来解决方法论上的挑战，比如"你认为犯罪是你所在城市/城镇的一个问题吗？""或者在你的社区？"然后我提出更具体的问题："你想过自己成为犯罪受害者的可能性吗？""你认识的人，比如朋友、家人呢？"然后我再问："你会如何描述这些感受？""你会怎么命名它们？"我发现这种方法很有趣，因为它让参与者有机会用自己的话表达自己的感受，而不是借用访谈员的话来回答。

担心、忧虑、害怕，还是只是生气？

尽管统计数据显示，青少年和年轻人的犯罪受害率一直是最高的（Bureau of Justice Statistics 1996），但很少有研究关注青少年的犯罪恐惧。在本研究中，有7个焦点小组是针对纽约市、纽约市郊区和新泽西州北部的拉美裔、黑人和白人青少年女性进行的。

这些青少年用各种语言和表情来描述她们的感受。例如曼哈顿上城一个拉美裔社区的一群波多黎各青少年这样表达了她们的感受：

我会说是害怕。

我很生气。我不知道为什么。但我很生气。

我为自己和我关心的人感到担心。

我担心孩子们。

我不知道,我从来没有解释过我的感受。我只是感到害怕。

我称之为经验,因为你看到了外面的世界,所以当你看到外面的世界时,你就是这样。这就是我妈妈害怕的原因,因为她有经验。

小组参与者之一,15岁的罗莎同时表达了几种不同的情绪:

我生气,气死了。因为每次你走出家门,你都会感到害怕。我的问题就是我担心,我担心会发生什么。我一直在想,该死,如果真的发生了什么,该怎么办呢?我一直在努力做好准备,如果这种情况发生了,怎么办?如果这种事情发生在我的家人身上,怎么办?我的担心多于害怕,因为我知道它会发生,我担心,并且我要想好,如果发生了,我该怎么办。

这些拉美裔青少年以不同的方式表达她们的感受。她们是害怕的、恐惧的、愤怒的、气愤的、担忧的,甚至是"经验丰富的"。这最后一种表达反映了她们中一些人的现实生活。她们中的许多人在很小的时候就成为犯罪的受害者或目击者。例如罗莎,她表现了生活在高犯罪率地区的沮丧,每次"你走出家门"时都会面临成为犯罪受害者的可能性。她的话揭示了人们的预感——正如韦氏词典的定义——一些不好的事会发生在她或她的家人身上。但罗莎没有说出具体的罪行,她说她知道"它"最终会发生。因此,她总是努力做好准备。当被问及"它"可能是什么时,罗莎解释道:"你知道,我家里有人可能会受伤,或者……我甚至不敢说……被杀。"

在新泽西州北部郊区的一栋中产住宅里,一群15到16岁的拉美裔青少年坐在客厅地板上,分享了她们对成为犯罪受害者的可能性的感受。当被要求选择一个词来表达这些感受时,其中一位名叫罗萨里奥的参与者给出了一个发人深省的答案:

> 我认为这比什么都可怕。担心只是其中的一部分,因为你担心和焦虑,你一直在想它,然后你变得害怕。

换句话说,罗萨里奥认为,她的恐惧是一直担心的结果。这些担心和担忧导致她变得害怕。

14岁的玛格丽特是一名白人青少年,在曼哈顿长大,现在住在布鲁克林。她在访谈中表示,她过去很担心。但现在,她说:"我不认为事情会发生。现在我意识到了。"玛格丽特所说的"意识到"的意思是,"看看我周围"。她评论说,有时,尤其是在晚上,她会突然想到可能会发生什么事。但是,她说:"并不是这样:'天哪!我真的很害怕!'"(她提高了声音,模仿小女孩的嗓音)换句话说,玛格丽特区分了对周围环境的认知和恐惧。

一些人为了"逃离"犯罪及其引起的反应而搬到了郊区,但是却发现犯罪也存在于她们的新环境中。在新泽西州北部一个以白人为主的工人阶层小镇上,我们组织了一次6名青少年的小组访谈,

其中一名 14 岁的参与者谈到了自己"总是感到害怕",以及她母亲搬到郊区后的感受:

> 她是纽约人,但我们搬到了这里。我们从未想过这些也会发生在这里。我们还是生活在恐惧中。

相比之下,新泽西州北部一个种族混居的中产小镇上的 6 名非裔青少年,是这样表达她们的毫不畏惧的:

> 在这个城镇的街道上我并不感到害怕。与其他地方相比,这里是安全的。
> 我一点也不觉得有危险。
> 我会去我想去的地方,我不会想到它。

其中,克劳迪娅表示:

> 我真的相信,女性面临的真正的危险更多来自我们的家庭和学校。

在所有接受访谈的青少年中,克劳迪娅是唯一一个认识到女性在家里比在街上更容易受到伤害的人。克劳迪娅认为,女性应该更加害怕她们认识的人。她总结道:"你更有可能被朋友强奸。在和男孩约会之前,我总是三思而后行。"

拉美裔和白人青少年比非裔青少年更愿意承认她们害怕、恐惧、担心，甚至气愤。尽管她们中的一些人生活在被认为是不安全的地区，但其他人其实生活在犯罪率较低的郊区。但非裔青少年，包括一些因为无家可归而忍受艰难环境的青少年，并没有表现出同样的感受。根据刑事统计数据，年轻的黑人女孩是第二大最有可能成为犯罪受害者的群体（Bureau of Justice Statistics 1996）。然而，一些非裔青少年表示，尽管在某些情况下犯罪恐惧可能是相当必要的，但在其他情况下，她们能够发展出一种"街头智慧"或不让她们自己感到恐惧的态度（Stanko 1990）。这些年轻女性可能不愿意表达自己的恐惧，因为她们需要表现得强大才能在街头生存。"我什么都不怕"这类表述在非裔青少年中比在白人或拉美裔青少年中更常见。

不同的表述还是不同的世界？

　　成年女性也以各种方式表达她们的感受。本研究包括一个由10名讲西班牙语的拉美裔女性组成的焦点小组，她们都参加了曼哈顿上城一个英语作为第二语言的课程，她们中一些人还没有获得合法的身份证件。这些女性选择了以下单词和短语来表达自己的感受："这是我每天关注的事。""这是一种持续不断的关注。"另一名参与者说："还有恐惧。""我感到愤怒。""永远无法获得平静。""无论何时何地，我都会感到不安全。""我总是神经紧张。""我生活在持续的焦虑中。""我很绝望。"这些表达不仅是女性用来描述自己感受的不同概念和词语，而且还表明了一个事实，即一些女性表示，这些感受是她们日常持续关注的焦点。无论她们的感受是什么，是关注、不安全、愤怒、焦虑或者紧张，这些拉美裔成年人都表示，她们随时随地都能感受到这些。当被问及会用什么词语来表达自己的情绪时，其中一名参与者突然泪流满面。在哭泣了几分钟后，她说："我太关注这些了，这也让我非常愤怒，我不得不一直这样生活着。"其他参与者对不得不忍受这种持续的关注也表达了类似的愤怒。一位40岁的拉美裔参与者称："是的，我很恐慌，非常恐慌，这让我非常紧张。"

皮拉尔是一位28岁的非裔女性，她说："我不仅仅是害怕。我其实有妄想症。"在接受访谈的28名非裔成年和老年女性中，只有少数人表示她们并不害怕。其他人以不同的方式表达了她们的恐惧，一位女士称："我感到受到了威胁。"在曼哈顿下东区的一个长者访谈项目中，两位年长的非裔女性表达了她们对犯罪的不同感受。贝尔表示："我很警觉，但并不害怕。"西尔维娅则表示她并不感到害怕："我不担心。要发生的总是会发生。"

我的一名就读于亨特学院的学生在她位于曼哈顿上东区的公寓里组织过一次小组访谈，一群白人中产女性以一种非常生动的方式讨论了这个问题：

> 当然，犯罪影响了我和我的家人……我一直在想，如果我出了什么事，这会对我的家庭产生什么样的影响。
> 我不会说那是恐惧。我感觉更像是警觉。但我并不觉得害怕……我认为更像是预防。我并不感到害怕，但我认为，在纽约市，你必须保持警惕，不要把什么事都视为理所当然，但我并不感到恐惧。

我保持警觉，但并不害怕。

与其说我担心，不如说我有所戒备。

直到去年，当我去加拿大温哥华时，我才注意到自己的担忧，因为在那里我感觉安全多了……当我在纽约时，我有一种持续的恐惧感，我甚至都没有意识到这一点，因为保持警惕对我来说几乎已经习以为常了。

你必须谨慎行事，仅此而已……并且运用你的判断力。

我很气愤，因为犯罪是现实，因为我总是担心……当我看到其他没有这些问题的国家时，我就有点生气。

显然，对犯罪的反应，或者更确切地说，对受害可能性的反应是多种多样的。与一些研究发现类似，这里的结果表明，"犯罪恐惧"实际上包括了各种情绪化的、主观的，以及在许多情况下对某种处境的客观评价（DuBow et al. 1979）。当人们有机会用自己的语言表达自己的情感时，一幅复杂的图景就出现了。表1列出了参与者给出的反应类型。第一列是对受害可能性的反应，它揭示了各种程度的情绪，从担忧（apprehension）到恐慌（panic）或绝望（desperation），从气愤（anger）到狂怒（rage）。通常使用的"犯罪恐惧"这一短语并未明确反映这种情绪。第二列是白人中产成年女性的反应，她们比一些拉美裔和非裔美国女性更倾向于选择"警觉""警惕"或"觉察"等词。第三列反应则是，要么将情况评估为不安全的，要么预感有犯罪发生。只有第一列反应体现了"犯罪恐惧"这一表述中所暗示的情感反应。然而，所有类别都体现了对受害可能性的反应。显然，这些反应比许多关于犯罪恐惧的研究所显示的更复杂。事实上,正如其中一位访谈参与者所指出的那样,一类反应可能会导致另一类反应的出现,从而形成一个复杂的情绪、态度和评估网络。

表1 对犯罪的反应

情绪	态度	评估
恐慌、绝望	警惕	不安全的
恐惧	警觉	危险的
担心	觉察	有威胁的
焦虑	预防	有风险的
忧心忡忡	谨慎	
担忧		
忧虑		
无所畏惧		
气愤、狂怒		

以往有关犯罪恐惧的研究都忽略了一个问题:为什么有些人不害怕?在本研究中,一些接受访谈的青少年所表达的对犯罪的接受态度尤其令人震惊。在焦点小组和深度访谈中,她们传达了一种宿命论的观点。无家可归的黑人青少年克拉拉提供了一个很好的例子来说明这种倾向:

> 你知道总会有事情发生。就是这样。无论你做什么,它都会发生。那么,你为什么要害怕那些你明知你无法阻止其发生的事情呢?你为什么会害怕呢?这简直就是胡说八道。

事实上,在大城市街头流浪的青少年成为犯罪受害者的可能性非常大。尽管有些人的反应是恐惧,但另一些人,比如克拉拉,她觉得如果要发生什么事情，她们也无能为力。这些话清楚地反映了克拉拉对自己的生活和周围环境是缺乏控制的。克拉拉也实现了她所拥有的为数不多的控制：控制自己的感受。这给人们留下的印象是，克拉拉和其他像她一样的人已经跨过了恐惧的门槛，恐惧对她们来说不复存在。恐惧也有积极的一面：它有助于保护一个人的生命，保护她免受伤害。但在极端恶劣的社会条件下，这种保护也是无法实现的，比如对这个无家可归的女孩来说，恐惧似乎停止了，并转化为接受的态度或宿命论。

恐惧的立场

女性对自己和他人（家庭成员、朋友）可能受害会产生情绪的、态度的或果断的反应。然而，在过去的 20 年里，关于犯罪恐惧的研究几乎全部聚焦在个人受害的恐惧上，而忽略了所谓的"利他性恐惧"（Warr 1992）。本书访谈的 140 名女性中，几乎所有人，特别是有孩子的女性都表示，她们不仅担心自己，而且特别担心自己的儿子和女儿。其他一些人则担心她们的丈夫、朋友、姐妹、祖母或表亲。

在研究中，超过一半的参与者表示，她们更害怕别人受害，而不是自己受害。许多人使用诸如"我不担心我自己，但我担心我的家人"之类的话语。例如无家可归的非裔青少年艾维特说："我什么都不怕，但我害怕我的小宝宝受到伤害。"这些恐惧在所有有孩子的女性中都很明显。非裔女性特别担心她们的儿子。住在布朗克斯的几位黑人母亲沉重的语调透露出了她们深深的担忧：

我最担心的是当我儿子到了 18 岁的时候……在这附近走来走去。

我也是。我儿子他身材魁梧，身高 1 米 93，体重 200 多斤。只要看到他，就像是一个威胁，因为他又黑又壮。他对人们是一个威胁，对警察也是一个威胁。

因为他个头太大了，所以只要他把手放在口袋里，说一些滑头话，警察就会开枪打死他。

在讨论了毒品和艾滋病毒对孩子造成的危险后，参与者之一的休表示：

我真的很担心毒品。你知道，他们太年轻了。他们可能会陷进去。我的意思是，他们中的一些人已经参与其中了。这是他们在青少年时期必须处理的事情，但是我们从来没有面对过。

这些感受不仅限于非裔母亲。安杰拉和帕特里西娅是两位没有孩子的年轻非裔单身女性，她们也表达了母亲们的类似担忧：

我很担心我的表弟……你知道，非裔男性青少年的犯罪率更高；他们是头号目标。我的意思是，大多数时候是黑人年轻男性在死去……我觉得，我不太担心女性。但我更担心男性。

我担心我的兄弟们，因为他们穿着昂贵的衣服，戴着贵重的首饰。我担心他们就这样去坐地铁。

然后我问帕特里西娅:"但你会担心自己出事吗?"她回答说:"我更担心我的兄弟。"非裔女性担心她们的儿子、兄弟、表兄弟、父亲和叔叔,因为他们的暴力犯罪受害率极高:每1000人中有63人受害。相比之下,每1000民白人男性中,有36人受害,或者说白人男性的受害率比黑人男性低42%(Bureau of Justice Statistics 1994b)。此外,这些女性还表示担心她们的男性亲属可能会成为警察暴行的受害者。在本研究中,白人母亲从未提及这种恐惧。

拉美裔母亲的恐惧,尤其是那些生活在市区的母亲,有着与非裔女性相似的恐惧。玛丽亚是一位40岁的拉美裔单身母亲,有两个十几岁的孩子,她住在布鲁克林的一个社区,她形容这个社区"吸毒成性",她是这样表达自己的感受的:

因为我的孩子,我一直生活在恐惧中。我不断请求上帝,帮助我离开我们居住的地方。我想离开纽约,搬到别的地方去。我15年前搬到这里,那时候很安全。现在有了毒品。许多人在街上贩毒。我生活在极度恐慌中。这让我非常紧张,我不得不吃药。

32岁的拉美裔女性米雷娅,住在曼哈顿上城一个以拉美裔为主的社区,她表示,在丈夫和两个儿子晚上下班回来之前,她都不会睡觉。"他们的工作很多,"她说,"当他们回家很晚时,我会想到他们死了,流血不止,躺在街上的画面。"白人母亲也表达了对孩子的担忧。然而,与非裔母亲相比,她们声称更担心女儿而不是儿子。在一次小组讨论中,36岁的有一个9岁女儿的英裔母亲玛丽安娜这样表达自己的感受：

> 我很担心我的女儿。我女儿现在一个人坐公共汽车出行……她个头很大，但我还是很担心。

同一讨论小组中的另一位参与者伊芙补充道："女性的保护意识比男性更强，如果有人对她们的孩子做什么事情的话。"其他受访者也有类似的评论："事情变得越多，就越保持不变。""孩子仍然是女性的责任。""责任都落在女性身上。"

然而，没有孩子并不能抵御恐惧。没有孩子的非裔女性和拉美裔女性比白人女性更担心她们的男性熟人和亲戚：兄弟、表亲、父亲。拉美裔、白人青少年以及年轻人也对她们的女性亲属表示了类似的担忧：她们的母亲、祖母、姐妹。希瑟是一名22岁的白人女性，在纽约州北部的一个小镇上大学。她非常担心自己的母亲。她的母亲是一名职业女性，因为工作而要在全国各地旅行，"有时她工作的办公室不在城里最好的地方"。同一讨论小组的另一名参与者桑德拉担心她的侄女和侄子。她主要担心的是"他们会被绑架"，她继续说道：

> 我去商店总是会同时留意我的侄女，因为……有些人，他们就是这样失去孩子的。

与公众的看法不同的是，被家庭成员绑架的儿童比被陌生人绑架的儿童多；然而，一些女性仍然对被陌生人绑架表示担忧。马西娅是一名拉美裔女性,她说她害怕和孩子们出去,因为她听说一名女性突然感到头晕,然后她的孩子就被绑架了。

犯罪恐惧与社会脆弱性

一些研究将犯罪恐惧与女性的社会脆弱性联系起来(Skogan and Maxfield 1981)。但所有女性都同样脆弱吗?特殊情况是否会使一些女性比其他女性更容易受到伤害?在本研究中,女性移民、没有身份的女性和不会说英语的女性,表达了一种特殊的脆弱感和无助感。参加英语作为第二语言课程的几位讲西班牙语的女性移民,以非常明确的方式表达了她们的无助感。住在布朗克斯的24岁的莱达说:

> 在这里,他们对待拉美裔非常恶劣。如果你不会说英语,他们会把你当作无足轻重的人。这里也有很多歧视。
> (小组其他成员同时发言表示)
> 很多歧视。
> 是的,他们认为我们低人一等。
> 这与种族有关。
> 还有语言。
> 还有文化,我们有不同的文化。
> 还有,事实上,我们是女性。

"如果你会说英语,你会是什么感觉?"我问她们。其中一个人回答说："我会觉得安全多了"。另一个人回答道："是的，至少我可以报警。"

> 有一天，我报了警，因为我在街上被一个男人猥亵。我问是否有人会说西班牙语时，接电话的人告诉我："如果你不会说英语，为什么不回你的国家呢？等你学会英语，再给我们打电话。"

16岁的波多黎各女性奥拉参加了本研究其中一个焦点小组，她住在布鲁克林的一个拉美裔社区，她也表达了类似的感受：

> 正如我母亲所说，你天生就会受到两种打击：你是波多黎各人，你是女人。所以，如果你出了什么事，没有人会帮助你。我认为这对我们拉美裔来说更糟，因为我们处于黑人和白人之间……这就像是，我们从两个方面都受到了打击，你知道吗？所以，黑人可能会因为我们晒出了漂亮的肤色而感到生气，白人可能会因为我们说西班牙语而生气……所以我们得到了最糟糕的结果。

近几十年来，研究人员一直将"女性的犯罪恐惧"视为大多数女性的感受，但事实并非如此。女性的担忧、困扰和恐惧既不相同，也各有缘由；它们与个人在社会结构中的地位有关，比如她们的社会经济阶层、角色、年龄、种族（Sparks 1982：33），甚至移民身份。因此，塑造郊区青少年感受的恐惧和形象，与居住在"政府项目"或公共住房中的非裔单身母亲的恐惧不同,也与不会说英语、没有社会支持网络、没有身份的女性移民的恐惧不同。

例如年长的女性在去银行时,她们会特别害怕遇到袭击或抢劫。正如一位70多岁的白人女性在一个老年人项目的小组访谈中强调的那样:"我为自己的安全感到担心。不是为其他人担心。我的社会保障支票已经被盗了。"白人女性和黑人女性也不同。白人女性很少述说她们对男性亲属的担忧,即使她们说了,她们的担忧也与警察的暴行无关。事实上,在少数白人女性述说自己生活中对男性安全感到担心的案例中,她们感到害怕的原因是,男性在"城市的糟糕地区"工作,之前曾是犯罪的受害者,或他们会采取"这种大男子主义的态度,你知道,他们可能会被杀"。

许多白人女性也担心她们的孩子,尤其是她们的女儿以及她们可能在学校面临的暴行。其他人,比如朱迪丝,则担心家里的其他女性成员:"我担心我的母亲,但至少她还有我父亲。"换句话说,因为有一个男人,她对母亲的担忧在某种程度上减轻了,她的父亲在保护母亲。一些女性的恐惧并不那么具体。南希是一位35岁的白人女性,她对自己的身体和空间的使用非常敏感:"如果有人离我太近,我会想用拳头揍他,你知道的。"

母亲和父亲的恐惧限制了孩子的生活,并将规则和管束强加给他们,以确保他们的安全。这种"过度警觉"对儿童的心理影响是无法估计的。女孩们尤其被警告要小心性骚扰,不要与陌生人交谈,甚至要当心"怪叔叔的抚摸"。从一位母亲将她的儿子淹死在湖中到陌生人闯入家里绑架女孩,孩子们会接触到大量的新闻。我的一个学生最近与我分享道:"我教过我的弟弟,当我们听到枪声时,要跳进浴缸里。"另一名受访者说:"我不喜欢我的女儿靠近窗户,她可能会被流弹击中。"尽管犯罪恐惧对儿童的影响不是本书的主题,但这是一个需要高度关注的研究领域(Adler 1994:43—49)。

一群工人阶层家庭的白人青少年对他们位于郊区的学校的情况表示担忧:

> 学校里到处都不太平:有很多人打架,就今年一年,我的东西还被偷了。今天刚放学回家,我就听说有人大打出手,所有警察都去了。
>
> 我真的很害怕东西被偷。我的储物柜里有东西。他们已经拿走了我的皮夹克,去年有一次他们偷走了我的耳环,还偷了我的钱。

在新泽西州北部郊区的一个小镇上,一群来自中产家庭的非裔高中生也表达了他们对学校打架事件的感受。

> 在我们学校,如果你走在走廊上,他们用不合适的方式看你,或者你用不合适的方式看他们,你知道会发生什么。
> 会发生什么?
> 他们会说:你看什么看?然后就会起冲突。就像那个女孩。没有任何理由。

居住在纽约市的母亲们也对学校的情况感到震惊。25岁的拉美裔女性吉塞拉住在曼哈顿上东区一个以拉美裔和黑人为主的社区,她提到她不得不让儿子退学，因为担心他会受伤害甚至被杀。她说："他是学校里最好的学生，其他学生都讨厌他。"根据吉塞拉的叙述，有一天下课后，一群男孩在校外堵她的儿子。校长发现了这一情况，便陪着她儿子走路回家，保护了他。在那次事件之后，吉塞拉非常害怕孩子会发生什么，所以她让孩子从学校退学了。她总结道："我不介意他错过一年的学习。总比被杀了好。"

那么你呢？

直到讨论进行到后期，大多数女性才感到受到鼓励，可以谈论自己受害的可能性。但即使当她们描述自己对受害的恐惧时，她们也经常用"如果我发生了什么事，我的家人该怎么办呢"这样的措辞。

尽管关于女性的犯罪恐惧的研究文献主要集中在强奸问题上，但本研究发现，人们对不同犯罪的情绪差异很大，这通常与女性个体的客观现实有关。例如拉美裔女性玛丽亚在地铁上遭到持刀抢劫，她说她当时最害怕的是"被刀割伤"。22岁的非裔女性帕特里西娅，住在布鲁克林一个以黑人为主的社会下层地区，她说：

> 我非常担心枪支问题。这就像，你知道，黑人对黑人的犯罪；在我家附近这个问题很难解决。发生在我的社区的任何事情、任何类型的纠纷，都是靠一支枪去解决的。这让我很担心，因为这不仅仅涉及两个人打架、开枪或其他的什么后果，我可

能不知道从哪里路过，却被流弹击中。

事实上，帕特里西娅说自己最害怕的是抢劫，而不是强奸：

> 抢劫，我真的不怎么担心被强奸……因为我生活在政府住房项目中，你知道……这是经常发生的事情。在我住的地方，发生的大多数犯罪是抢劫、盗窃和抢夺钱包……抢劫女孩们的首饰。

本研究中有 10 名黑人女性提到了她们对仇恨犯罪的恐惧。莉莉和玛丽安娜这两位 20 多岁的非裔女性表达了这种恐惧：

> 我住在本森赫斯特，那里的种族关系非常紧张。你知道优素福·霍金斯案吧（一名黑人青少年被一群白人青少年杀害）。我在那里长大。白人和黑人总是在打架。天黑后你会犹豫要不要走进所谓的白人区。如果你走到那里，试图去商店或其他什么地方，他们会叫你黑鬼。
>
> 我们小时候，我在这个地区的小学上学。这里有一个"狙击手"，他过去常常向黑人学生开枪。在优素福·霍金斯案期间和之后，我正在读高中一年级……和我一起上学的一些白人孩子，他们非常过分，叫我们黑鬼，让我们离开他们的社区。他们之前常常把我们赶出学校。

3 名居住在新泽西州北部郊区的非裔青少年也表达了类似的感

受。他们说,他们现在上三年级了,特别担心。贝齐说:"明年我们必须决定去哪所学校,但我很害怕,因为我听说大学校园里发生了很多种族事件。"

白人女性,尤其是年轻、成年的白人女性,比黑人女性或拉美裔女性更多地表达了对强奸的恐惧。21岁的白人中产女性朱迪丝说,她特别害怕被"闯入房子或其他什么地方的人强奸,他们会把你绑起来,强奸和虐待你……"30岁的白人女性南希说,有时她会害怕被跟踪,然后被抓上车强奸。其他女性也担心自己的女儿会被绑架和强奸。

为什么本研究中接受访谈的白人女性比黑人女性和拉美裔女性更担心被强奸呢?一个合理的解释可能是,媒体倾向于将白人女性描绘成强奸的受害者,而不是黑人女性或拉美裔女性。最近媒体报道的几起强奸案,如中央公园慢跑者案或尸体在拖车中被发现的格林威治村的受害者,都说明了这一重要现实。23岁的白人女性约瑟芬对我说:

> 看看报纸就知道了,谁更有可能被强奸?我不知道这是真是假,但也没关系。从报纸上看就是那样的。

约瑟芬是对的。在犯罪恐惧的问题上,比实际统计数据更重要的是我们对犯罪的看法。这些图景在很大程度上受到了我们从其他人那里听到的故事的影响,还受到了媒体报道和解读犯罪的方式的影响。报纸的销量和收视率提高了,媒体从我们的焦虑中受益。政客们为了宣传他们的政治议程而传播某些耸人听闻的犯罪行为。

所有提及强奸是她们主要担忧的女性，都担心自己会成为受害者，担心陌生人跟踪她们、闯入她们的房子、潜伏在黑暗中。这些图景与媒体和政治家所呈现的普遍的犯罪意识形态一致。很少有参与者表示，他们害怕被朋友、男朋友或同事强奸，但其实这些人更有可能是施暴者。正如我稍后将要讨论的那样，只有在两种特殊的情况下，女性才会对她们认识的人表示恐惧：（1）一些受访者表示，她们害怕被同事或老师性骚扰；（2）一些受访者声称害怕成为家庭暴力的受害者。

本研究的参与者表示，她们曾是各种犯罪的受害者：入室盗窃，抢钱包，扒窃，人身攻击，职场、学校和街头的性骚扰，抢劫，强奸，家庭暴力，以及被家庭成员谋杀。"侵害女性的暴力"一词通常指性侵犯、家庭暴力、强奸和其他类型的性犯罪。然而，其他许多针对女性的罪行仅仅只是因为她们是女性。以下两个例子说明了这一点。玛丽亚是一名拉美裔女性，她回忆道：

> 我被袭击过好几次。有一次，一个男人打了我的眼睛，还扯我的头发。当我正要离开车厢时，这个男人扯着我的头发，然后抱着我。当我转身时，他拿走了我的钱包。

玛丽亚从未向警方报案，她说："他们能做什么？什么也做不了！"然而，这类罪行是针对玛丽亚的，因为她是一名女性。很难想象一个罪犯会去扯一个男人的头发。此外，在纽约市，抢夺钱包是一种非常常见的针对女性的犯罪。一些女性被拖拽，在罪犯拉着她们的钱包时被车撞死。然而，大量的钱包失窃受害者从未向警方报案。23 岁的非裔学生安杰拉述说了另一起类似的犯罪受害事件：

> 我曾经三次成为受害者。确切地说，是大约两年前的事。我住在一家美容院旁边，我偶尔也会去那里……我去商店买了一些饮料，出来时外面有四个人……其中一个人拿着枪跟在我后面……我告诉美容院的老板：如果你不让我进去，我会被枪杀的。所以她不得不让我进去。他们拿走了我所有的首饰，我价值 495 美元的手表和我当时的男朋友给我买的钻戒。

在纽约和新泽西，发生在美容院周围的抢劫案逐渐变得多了起来。因为女性经常去这些地方放松，并有一段时间不在家。所以，美容院被视为抢劫的"最好目标"。另一个针对女性的犯罪例子是 27 岁的非裔女性贝丝提供的，她说因为 1.5 美元，她被出租车司机打了。"我被打了。"她总结道，"他认为他可以逃脱惩罚，因为我是一个女人。"

本研究的 8 名参与者称曾遭遇过入室盗窃。另一些人说她们曾身处枪战之中，并遭到持枪抢劫。三人还说她们的孩子遭到过持枪抢劫。一名拉美裔女性亲眼看到她的兄弟被杀害。另一名则被警察叫去辨认她哥哥的尸体，尸体是在一个塑料袋里发现的。尽管男性确实更有可能成为谋杀的受害者，但女性不得不在余生忍受随之而来的恐惧和创伤。"每次我出门看到黑色垃圾袋，我都会感到深深的痛苦。"这些女性被传唤作证，辨认她们兄弟的尸体。她们是那些不得不把这类消息通知给其他家人的人。此外，她们感受到了"维系家庭"的道德责任。其中一人在哥哥被杀后，一直服用抗抑郁的药物。她对我说："只有这样，我才起得了床。"因此，不同层面都表明这些女性也是谋杀的受害者。

对一些女性来说，似乎特别可怕的地方是那些限制了逃跑可能性的地方，比如地铁、电梯、大楼入口或走廊，停车场和车库也经常被提及。空荡荡的街道、挤满了一群男性青少年的街道或学校走廊也被认为是可怕的地方：

> 当我走在街上，看到一群男人朝我走来时，我吓坏了。
> 或者有人跟着你的时候。
> 电梯让我很痛苦。

其中几名女性还表示，在没有检查过后座的情况下，她们会害怕进入自己的汽车。18岁的凯说："可能有人躲在那里。"她刚刚拿到驾照，享受着属于自己的相对的自由。她说："不得不担心这样的事情是一种负累。"

性骚扰与犯罪恐惧

已有研究基本上忽视的一个主题是，普遍的犯罪恐惧与针对女性的犯罪和伤害行为之间的联系，最常见的是性骚扰和家庭暴力。这种忽视并不奇怪。大多数研究都是基于官方的统计数据，但骚扰和家庭暴力事件通常要么不被视为犯罪，要么从未被报告给警方。然而，在本研究中，几乎所有的青少年和年轻成年女性，甚至一些老年女性，都有被性骚扰的经历。最常见的形式是，在学校、工作场所或在街上行走时，被尾随，受到令人厌恶的评论、猥亵和侮辱。这项研究最重要的发现之一是，许多女性都有遭遇性骚扰的经历，这些侵犯行为与女性所经历的愤怒、忧虑、担忧和恐惧情绪有关。几个生活在郊区的中产家庭的非裔青少年在小组讨论中明确表达了她们的感受。她们在互相交谈中说：

就学校而言，让我担心的是性骚扰。

我问："来自谁的骚扰，男孩吗？还是教授？"

主要是来自男孩的。

虽然也有一位老师。他是体育老师。

我讨厌男孩对女孩说话的方式。他们会说任何让你感到不舒服的话。我们拍过一部电影，在拍电影过程中我意识到了性骚扰。我的意思是……不知道有多少次有人……有个男人让我感到不舒服。

我被骚扰就像……你知道……我上高中的时候，会感觉屁股被摸或者其他什么的。

然后他们会说……如果你穿紧身牛仔裤……

如果你有这样的打扮，他们看你的方式，就像你是一块猪排或什么东西走在他们面前一样。

我甚至不知道他是谁。我们……那是在我们打了一场篮球赛或其他什么之后，而这个家伙，我甚至不知道他是谁。我们路过他和另外两个人。我觉得他们会骚扰我们。他就是……他拍了一下我的屁股。甚至他现在一直拿这件事开玩笑，一直开……我很慢地转过身去，看着他。就像是……天哪……我当时很震惊。就好像有人侵犯了我。

当一个男人口头骚扰你……我不知道。我什么也不说，因为我不想激怒他，不想惹事，他可能会伤害你的身体。

你知道是什么让我紧张吗？当一个男人试图和你说话，而你并不想和他说话时，但……你又不想让他们生气。

如果你说，"不，我不想和你说话"，就反而像是你太粗鲁了，他们就会开始其他的行动，他们可能会打你，拔出枪。你不知道他们可能会做什么。

这群青少年还表达了她们对一位"在女孩中享有盛誉"的会猥亵学生的老师的感受：

有一次我穿着短裙，G先生对我评头论足，好像他真的……我不喜欢这样。说真的，他本应该是一个正人君子，但他简直就像一个变态。他可是一名教师。

许多女性报告说，她们在街上被跟踪、被凝视或受到侮辱，是因为她们没有对这些不受欢迎的行为做出明确的反应。性骚扰如此普遍，以至于对一些女性来说，这似乎并不是什么稀奇事。23岁的非裔女性利奈特表示：

正常情况下，我能想到的唯一的骚扰，基本上就是……嘿，宝贝……我讨厌这种……这让我很生气。我觉得自己好像被人打了一拳。

尽管利奈特在叙述中非常清楚这些话让她感到不安，但她认为这些话是"正常的"，因为它们是大多数女性日常经历的一部分。然而，这类事件对一些女性来说可能特别痛苦。一位21岁的非裔女性，描述了自己在地铁上经历的一起可怕事件：

有个男人离我很近。他在我耳边低声说："我想强奸你，然后听你尖叫。"最可怕的是，当时是大中午，我们在拥挤的地铁里。然而，我却害怕被性侵。这太诡异了。通常情况下，有人会挤到你身边挨着一段时间，你就会开始感到不舒服。我相信女性每天都会受到这些行为的伤害。

根据研究报告，无论种族、经济社会背景或居住地如何，女性都会受到骚扰。35岁的白人中产职业女性希拉里，穿着西装，打扮保守，她讲述了发生在林荫大道上的一件事，这是曼哈顿最繁华的地区之一。

我家周围住的男性都是商业人士……但是我仍然能听到一些事情。就像他们觉得，"我有的是钱，我可以任意对待你，因为我掌控一切"。这就是我害怕的那种男人。我见过建筑工人这样做……但是，有钱人……他们认为他们能逃脱惩罚，因为他们有钱有权……这让我害怕他们……我当时在林荫大道和32街

085

的路口，手里拿着个笔记本。我正要去上学。一辆切诺基吉普车开到我旁边，他们让我搭他们的车。我说："不用了，谢谢，我在等出租车。"然后，他们就问我："给我们口交要多少钱？"

女性比男性更害怕成为犯罪的受害者，尽管官方统计数据显示，她们成为犯罪的受害者的可能性比男性低（Warr 1984）。这种所谓的恐惧悖论困扰着许多犯罪学家，但它肯定不会困扰女性主义研究者（Stanko 1991），也不会困扰那些在日常生活中熟悉针对她们的敌意行为的女性。性骚扰被定义为"在权力不平等的关系下强加的讨厌的性要求"（Andersen 1993）。一些人认为的无伤大雅的性骚扰行为，其实在不断提醒人们，男性拥有支配女性生活的权力；如果他们想摸你，他们就可以这样做而无须承担任何后果；如果他们被拒绝了，就像其中一名学生提到的那样，他们就会感到愤怒，甚至变得暴力。有些男人的想法似乎是：她怎么敢拒绝我？女性面临被骚扰者攻击的可能性显然与她们所经历的恐惧，以及这些恐惧对她们生活的控制有关。

正如玛丽安娜·赫斯特（Marianne Hester 1992：27—39）所发现的，家庭或街头的"个人关系"是"表现和保持男性主导地位极其关键的领域"。它们有助于产生和再现一种男性处于上层、女性处于底层的不平等性别体系。正如一位非裔青少年所提到的，男性有能力让女性感觉自己像一块"猪肉"。这种将女性身体视为物品的过程有三种结果。首先，它是对女性进行非人化，这始终是走向支配和暴力的第一步。当然，在这种文化中，女性并不是唯一被非人化的人。例如黑人在历史上的不同时期被描述为"动物""野蛮人""失控"等（West 1993）。其次，它将女性描绘成具有诱惑力的存在，需要男性的控制（Hester 1992）。这些侵犯行为背后的信息是，"如果你穿紧身牛仔裤（或短裙），那么我就能拍拍你的屁股，让你知道自己的位置"。最后，性骚扰意味着女性要为自己的受害负责。在亨特学院一堂关于暴力侵害女性的课上，一名拉美裔男学生提到他妹妹的经历时说："如果她没有穿紧身牛仔裤，没有人会骚扰她。"

亲密关系中的暴力与犯罪恐惧

之前关于犯罪恐惧的研究忽视了家庭暴力与街头或职场中的恐惧或担忧之间的联系。当我问到受访者最害怕的犯罪行为时，一些女性提到了家庭暴力。一位名叫伊内丝的35岁女性激动地说道："我担心的是在家里的危险。"另外4位女性提到，她们担心那些陷入家庭暴力的朋友、姐妹和表亲。其中一人说："我非常担心我妹妹。"遭受家庭暴力的女性表示，那些受到丈夫、男朋友或爱人伤害和威胁的人会感到焦虑、恐惧，其中一些人甚至会"极度害怕"。这些女性不仅要面对家庭暴力，同样也要面对其他女性在街头面临的暴力。25岁的拉美裔女性露西娅是一个5岁孩子的母亲，她讲述了自己遭受家庭暴力的经历和生活中的恐惧：

> 在那些事情发生在我身上之后，你信任的人会伤害你，这会让你觉得，"为了得到你，这个人会回来做点什么，会报复你

的家人"。我的意思是，如果你以前爱的人能这样对你，那陌生人就没什么可犹豫的了。

露西娅把她的丈夫告上了法庭。对他不利的证据包括无数的照片、目击者证言和物证。此外，她是少数的幸运儿之一，在审判期间，她的家人在情感和经济上支持她。尽管袭击她的人被送进了监狱，且至今还被关押着，但露西娅仍然会每天关上窗户，即使是在夏天，"即使天气很热"，每次进屋她都会检查房子。然而，她的恐惧不仅限于在家里被丈夫袭击的可能性；她也害怕陌生人。她争辩道："如果我不能阻止我的前夫，那我怎么能阻止一个陌生人呢？"考虑到自己的恐惧，露西娅承认她有"搬到一个偏僻小镇"的幻想。然而，她知道，无论她走到哪里，恐惧都会伴随着她。她说："归根结底，无论你住在哪里，恐惧都不会消失。它永远伴随着你……"我问道："你最害怕的是什么？"她说："我害怕开始另一段感情。我不想和任何人约会。"

露西娅用来形容自己情绪的词是"绝望""害怕死亡""软弱"。她情绪的一个重要组成部分是，她认为自己作为一名母亲是失败的。因为她在自己5岁的孩子路易斯面前遭到了殴打，她"无能为力"。因此，她的儿子害怕单独和她在一起，而讽刺的是，当他和一个男人待在一起时，他会感觉更舒适。"尤其是和我哥哥在一起的时候。"露西娅告诉我。因为目睹母亲在自己面前遭到毒打，路易斯内化了他母亲和许多受到虐待的女性所接收的同样信息：我可以做任何我想做的事，因为我拥有你。看到母亲处于软弱的境地，路易斯意识到，男人可以掌控一切，他们可以凌驾于女人之上。因此，男人可以伤害他，但他们也可以保护他。这种经历及其产生的恐惧在家庭中再现了整个社会中存在的性别等级制度。

露西娅的情况并非特例。事实上，她可能比参与本研究的许多家庭暴力受害者过得更好，因为她的丈夫将被监禁，至少一段时间内不会获释出狱。她要求法庭在他出狱前通知她。其他遭受家庭暴力的女性也表达了类似的恐惧和绝望情绪。24岁的非裔女性弗洛伦丝与男友住在一起，她也表示，由于男友对她的肢体虐待和性虐待，她生活在"恐慌中"，"不敢离开他"。她说："每次我回家晚了，他都会把手指伸进我的阴道，看看我是否和另一个男人睡过。我担心自己的生命安全。"毫无疑问，这种情况会让女性感到无能为力、被贬低、被侮辱和受到威胁。对犯罪恐惧的研究一直忽视了家庭暴力受害者的恐惧，生活在这种情况下所产生的焦虑，以及这些恐惧对女性总体的犯罪恐惧的影响。

另一位女性安妮特说，作为家庭暴力的受害者，她的生活的许多方面都受到了影响：

> 我总是很害怕，尤其是在工作中，因为我读到一些女性在工作中被丈夫枪杀的故事。即使他只是露个面。但如果他大吵大闹怎么办……你知道？我甚至无法想象这样的情况。我不禁感到害怕和尴尬。你觉得工作上的熟人会怎么说？当然，他们会说："也许她做错了什么。"我有时甚至睡不着，觉得他可能会出现在我工作的地方。

即使在工作中，安妮特也不会感到安全。她不仅担心她的丈夫出现并大吵大闹,还担心她的同事可能会说些什么。有趣的是,在这种假设的情况下,她想到的第一个问题是她的同事会把婚姻问题归咎于她,而不是她的丈夫,即便她的丈夫是施暴者。

你害怕谁?

几乎在所有情况下,本研究的参与者都表示,她们害怕男性对她们的侵犯行为。研究表明,男性更有可能成为所有重大犯罪的罪犯。1992年的统计数据显示,在犯罪者单独犯下的所有暴力犯罪中,86%的袭击者是男性(Bureau of Justice Statistics 1994b: 289)。然而,本研究的参与者之间的一个主要差异是,青少年偶尔会报告害怕其他青少年女性的攻击,而成年和老年女性主要害怕的是男性。

种族和阶层差异似乎在青少年女性的侵犯行为中起着根本作用。14岁的白人青少年康妮讲述了拉美裔青少年在学校对她实施的攻击行为,康妮的语气清楚地表明了她的难过。"你真的想知道吗?"她问道。"是的。"我说。

> 我被称为白人婊子,白人垃圾,妓女,婊子……基本上就是这些。我没有被白人女孩这么叫过,但是大多数拉美裔女孩这么叫过我。我被推下楼,好像……我一直被嘲笑,就因为我可能不会打扮得像个痞子。

一群居住在以黑人和拉美裔为主的社区的拉美裔青少年表示,

她们受到了十几岁的非裔女性的骚扰。其中一个叫埃尔芭的人说："你知道……黑人女孩不喜欢我们。""为什么？"我问道。

她们认为黑人男性喜欢拉美裔女人。所以，她们就变得非常讨厌了。黑人总是试图和我们说话，或者跟我们说些诸如"嘿，嘿，宝贝"之类的话。这让我很生气……他们认为我们不会说英语，认为我们很蠢。

另一个参与者补充道：

黑人女孩把泡泡糖粘在我们的头发上。她们会因为我们的头发或者其他什么而嫉妒我们……我们有一头卷曲的长发，我们什么都不做就能拥有这样的头发。

"会打架吗？"我问道。她笑着回答说："很多次。（向我展示了她的拳头）我们会跟她们打架……当她们惹到我们的时候。"

几名青少年都报告过与其他女孩发生过肢体冲突。一些人还声称要和男孩打架，如果"他们变得太恶心的话"。这反映了一个事实，即在某些情况下，年轻女性，尤其是工人阶层的青少年，确实打破了性别化社会强加给她们的一些规范。这个社会允许男性而不是女性参与肢体冲突。这些青少年觉得，为了保护自己和"被尊重"，她们需要战斗。否则，"他们会突袭你，打你"。其中一人总结道："你别无选择。"

受限的生活

犯罪恐惧在很多方面限制了参与本研究访谈的女性的生活，从看似无害的仪式化行为，比如"晚上不一个人出门"，到最具约束性的"不做某份工作""不上夜校"，或者"完全避开街道"。其中一些限制似乎也与年龄和社会经济地位有关。青少年和年轻的成年人更容易使用诸如"你不能让恐惧阻止你"之类的表达方式。另一方面，一些年长女性的生活则受到焦虑的高度限制。芭芭拉是一位年长的拉美裔女性，她说："我不出门，如果我必须买东西，我会让我的儿子去买。"几位年长的和成年的女性也提到，她们晚上不会出门。

女性使用公共空间的权利是有限的。本研究的大多数参与者都不会去公园和社区的某些地方。正如格洛丽亚所说："我过去常常在晚上在村里散步，算了吧……不，我现在不会这么做了。"有两位女性提到，她们害怕独自开车。塞西莉亚说：

> 即使在我开车的时候，我最大的恐惧也是汽油用光，或者遇到紧急情况，或者在方向盘上睡着。我害怕一个人开车。

至少有 5 名女性表示，她们不坐地铁，而更倾向于坐公共汽车。那些有能力在晚上打车的人则会打车。这意味着犯罪恐惧也会给女性带来经济后果：她们必须支付更多的交通费用才能感到安全。

一些学生表示，她们不会选择晚上的课，她们选择学校课程的依据是是否有安全的交通工具。即使当自己想去另一所学校上学时，22 岁的白人学生休也表示：

> 去那所学校是不可能的,因为它离我家太远了,每天都要去那里会让我感到非常不安全。

29岁的加勒比裔黑人女性路易丝,谈及了她是如何因为担心一些事会发生而改变课程安排的:

> 我从6号线开始就被跟踪,一直到E和J地铁,这是我每天出行的常规路线,我也曾经遇到过性骚扰和其他一些事情。从那以后,我决定下午6点以后就不再去上课了,因为有一段可怕的经历一直困扰着我,直到今天……一个男人在我面前敞开衣服,开始说一些可怕的话……后来又发生了第二次、第三次,同一个人在同一时间……最让我震惊的是,这是一个和我同一种族的人。我真的无法理解,因为这不是我们文化的一部分。我真的相信这是他在美国学到的东西。从那以后,一切都变了,因为我本来希望如果我出了什么事,我自己的同胞会保护我,而不是差点把我吓死。我没有向警方报案,但我认为我应该向警方报案。

两名女性也说,由于担心自己上下班时候的安全,她们换了工作。其中一人说:"你的生命比工作更重要。"另外有两人说,她们没有从事某些工作,因为这些工作需要上夜班。最后,33岁的埃玛说,她没有从事一份她喜欢的工作,是因为它位于一个"糟糕的社区"。

一群拉美裔青少年提到,他们喜欢跳舞,但由于夜店可能会发生各种事情，她们已经不再去了。其中两人说，即使她们想去，"我的父母也不让我去"。总的来说，尽管一些白人青少年也会说有类似的限制，但拉美裔青少年更可能倾向于，父母限制了她们的行为，因为担心她们会发生什么事情。最后，一位25岁的白人女性蕾切尔说，除非有丈夫陪同，否则她不喜欢去购物。她还提到，当她和小女儿一起出去的时候，她很担心，因为她听过所有"关于孩子们在商场被绑架的故事"。蕾切尔并不是唯一一个担心的人。根据美国研究集团（America's Research Group）在南卡罗来纳州查尔斯顿的一项针对1003名消费者的调查，21.1%的消费者在过去一年中因为害怕犯罪而减少了去商店的次数（*Advertising Age* 1994）。

最后，对一些女性来说，恐惧无处不在，严重影响了她们的生活质量。74岁的波多黎各女性科拉说，由于她年纪大了，"没有以前那么强壮或敏捷了"，她的生活受到了严重限制：

> 这种恐惧使我无法享受退休生活，因为我必须小心自己的所作所为。

一群年长的白人女性表示，犯罪恐惧限制了她们参与教堂和社区的活动。"我害怕晚上去教堂开会。"罗莎说。其中一位年长的拉美裔女性还提到，她不再去回收自己的罐头、瓶子和报纸了，因为她害怕进入公共住房的地下室。"垃圾箱在地下室，我才不会自己去那里呢。我又没有疯。"她总结道。

这些女性与我分享的恐惧反映出，一半的美国人口本应得到有保障的自由，但是却一直生活在担忧、焦虑、忧虑和恐惧的无形的牢笼中。女性的生活受到她们每天在家里、工作场所、学校和街头不得不面对的暴力和骚扰的极度限制。她们还受到了支持和助长这种暴力犯罪的意识形态所描绘出的图像和表现形式的影响。一些女性的恐惧受到了之前受害经历的影响：抢劫、强奸、入室盗窃、袭击、抢夺钱包。而大多数人感到脆弱，是因为身为女性几乎每个人都会在街上遭遇骚扰、凝视、跟踪或猥亵。还有一些人表示，作为家庭暴力的受害者，她们在生活中更加恐慌。其他一些女性则因为自己的身份而感到特别脆弱：不会说英语的女性移民、依赖社会福利的老年女性、儿子受到警察骚扰的非裔女性。

在本研究中，接受访谈的女性中没有人表明自己是女同性恋，我也没有询问参与者的性取向。然而，自 20 世纪 70 年代以来，针对同性恋者的暴力事件和对这些事件恐惧的研究开始在文献中有所体现（Bell and Weinberg 1978; Bohn 1983：84; Chamberlain 1985; Miller and Humphreys 1980）。加里·戴维·科姆斯托克（Gary David Comstock）在其著作《针对男女同性恋者的暴力侵害》（*Violence Against Lesbians and Gay Men*）（1991：37）中详细描述了针对同性恋者的暴力事件。他的结论是，在接受机构和组织调查的活跃的男女同性恋者中，有一半以上的人曾遭遇过某种形式的暴力。科姆斯托克（1991：38）还表示，尽管男同性恋者比女同性恋者更容易成为暴力事件的受害者，但有色人种女同性恋者中遭遇暴力的比例比白人女同性恋者更大。因此，在研究男女同性恋者的犯罪恐惧时，一个至关重要的问题是要考虑到阶层和种族差异。

第四章

无辜的和应受谴责的受害者

女人当然要比男人更小心。我们更有可能成为受害者，因为我们更弱。每个人都知道。说真的，如果一个男人抓住你，你能做什么？想想看，他们更高大更强壮。当然，你可以尝试大声呼救或奔跑，但你逃脱的概率太低了。而且，你可能会受伤。所以，你最好三思而后行。

——加布丽拉，一个 25 岁的拉美裔中产，住在新泽西州北部在1948年的一项著名研究《罪犯及其被害人》(*The Criminal and His Victims*)中，汉斯·冯·亨蒂（Hans Von Hentig）将被害人分成了13个类型，这些人由于心理或社会原因可能成为犯罪的受害者。另一位早期被害人学研究者本杰明·门德尔松（Benjamin Mendelsohn）引入了另一种类型，根据被害人对犯罪的责任对其进行分类。在这些研究工作之后，又有各种著作进一步发展了"被害人引发犯罪"的概念（Wolfgang 1958；Amin 1971；Hindelang et al.1978）。这些研究中最具争议的是梅纳切姆·阿明（Menachem Amin 1971）进行的一项研究，他使用官方统计数据，将被害人引发犯罪的概念应用于强奸案件。

这些早期被害人学研究的两个主要贡献是，第一，它们聚焦被害人，旨在了解和补偿犯罪受害者的方案和研究；第二，1966年首次开展了全国犯罪受害调查。尽管"男性主导的"被害人学作出了这些贡献，但它并不总是对"被遗忘的被害人"产生正面的影响。相反，它有助于形成一种"谴责被害人"的倾向，这种倾向甚至在今天仍然存在。因此，从一开始，应受谴责的被害人的概念就一直是被害人学作为一门学科和一种犯罪意识形态的重要组成部分。

应受谴责的被害人的形象绝不仅存在于学术研究中。相反，它在大众话语中不断得到传播。辛西娅是一位20多岁的非裔中产女性，她在一次访谈中对我说：

我跟你句实话：有些女人就是自找的。她们做的事情很奇怪，或者很愚蠢……如果你不照顾好你自己，谁会来照顾你呢？你知道，你听到一些女人说她们被强奸了。但是，如果你知道真正发生了什么，你会想……就像那个去迈克·泰森（Mike Tyson）公寓的女人。记得吗？我不记得她的名字了。她叫什么来着……德西蕾（Desiree）还是什么……你不认为她就是自找的吗？我真的这么认为。我告诉你，有时你会觉得……（犹豫地）有些女人就是喜欢扮演受害者。

尽管在美国每天都有许多女性被强奸，但辛西娅首先想到的是，有些强奸是有问题的。根据她的叙述，是女性促成了这一行为，正如梅纳切姆·阿明所说（1971）。但重点是，辛西娅不仅想要谴责被害人，而且她形成了对这类事件的总体看法，即指责"一些女性"喜欢"扮演受害者"。

20世纪70年代，女性主义运动打破了长期以来的沉默，将儿童虐待、乱伦、强奸和家庭暴力等与女性在私人领域受害的有关问题纳入国家议程。强奸案的女性幸存者首次公开讨论了她们的被害情况及其对她们生活的影响。乱伦和家庭暴力受害者与强奸幸存者一起详细记录了她们的经历，并说明了这些罪行对身体和情绪产生的影响。这进而促进了强有力的政治激进主义观点的发展，这些观点影响了法律制定、警察培训、法庭动态、医院急诊室服务以及许多直接或间接涉及暴力侵害女性问题的项目。与此同时，女性主义犯罪学家将女性被害问题引入犯罪学话语。世界上第一个反强奸组织"湾区反强奸妇女组织"（Bay Area Women Against Rape）的几名成员是学犯罪学的学生，她们将女性主义思想付诸实践（Schwendinger and Schwendinger 1991）。女性主义研究还使人们认识到，包括全国犯罪受害调查在内的官方统计数据对犯罪及其受害者的描述，不仅非常有限，并且带有偏见。由于只关注"街头犯罪"的研究，官方统计数据忽略了大多数在亲密关系和家庭中对女性犯下的罪行。此外，许多针对女性犯下的罪行没有被报告给警方或全国犯罪受害调查。

一些女性主义研究将针对女性的犯罪置于对女性的社会控制的背景下进行讨论。例如苏珊·布朗米勒（1975）认为，强奸和强奸威胁是一种让女性安分守己的方式。苏珊·格里芬（Susan Griffin 1971）将暴力侵害女性的行为与男性统治文化联系起来，在这种文化中，强奸是一种"大规模的恐怖主义"。毫无疑问，这些研究让社会看到了暴力侵害女性问题中的一些隐性问题，并撕开了美国家庭"避风港"式的神秘面纱。然而，这些研究也有助于将女性建构为受害者。正如卡琳·费丝所说："文献普遍关注成年男性的暴力对女性和儿童的影响，这具有将女性具体化为缺乏能动性的行动者的效应。女性不再被彻底物化为男性的财产，而是被重新物化为受害者。"（Faith 1993：107）此外，大多数研究都集中在针对女性的性犯罪上，强化了以男性为中心的观念，即女性的重要之处在于她们的性（Cain 1989：3）。

这些早期的女性主义研究也将女性受害者视为一个同质的群体，而没有考虑阶层和种族差异。在许多情况下，数代非裔和拉美裔女性作为最令人发指的罪行的受害者，其经历被忽视了。除了少数重要的研究，大部分研究往往忽视了许多女性在与自己的弱势地位作斗争时所采用的反抗策略。例如拉美裔女性，她们通常被视为被动的、受到伴侣和男权机构伤害的，尤其是受到国家和法律体系伤害的人群。然而，拉美裔女性对多种形式的男性压迫表现出勇气和抵抗的例子比比皆是，即使压迫者是一个镇压性的、残暴的、男性化的军事国家。在阿根廷有一群勇敢的"五月广场母亲"[①]，她们每周在布宜诺斯艾利斯的广场上集会，抗议自己的亲人在军政府的统治下"失踪"了。这是拉美裔女性在即使最残酷的情况下也怀有勇气的一个极佳范例。以诺贝尔和平奖获得者里戈贝尔塔·门楚（Rigoberta Menchu）为例，危地马拉女性在面对暴行和种族灭绝时的抵抗，是在最可怕和最不人道的情况下彰显勇气的又一个范例。

几个世纪以来，非裔女性一直是虐待、袭击和强奸的受害者，但是她们已成为学术界和文学界的一种强有力的声音，受害经历给了她们发声的机会。在《紫色》（*The Color Purple*）中，爱丽丝·沃克（Alice Walker）塑造了一个非裔青少年茜莉的角色，尽管遭受了继父的性虐待，但她还是找到了自己的声音和力量。茜莉没有因为恐惧而一蹶不振，她给上帝写信，并在与其他黑人女性的互助关系中找到了生存的力量（Walker 1982）。因此，女性不仅能在逆境中顽强抵抗和拒绝妥协，而且许多人还会进行反击。在托尼·莫里森（Toni Morrison）的《宠儿》（*Beloved*）中，逃跑的奴隶塞丝杀死了她刚出生的婴儿，这象征着最深层的反抗：与其被奴隶制和压迫折磨致死，不如自由地选择死亡（Morrison 1994）。

[①] 20世纪70年代在阿根廷军政府统治下，许多反政府人士遭到迫害或暗杀。1977年4月30日，一群母亲集结在阿根廷布宜诺斯艾利斯市的五月广场上，要求寻找自己失踪的孩子。此后，每个星期四的下午，她们都会出现在五月广场上，沉默行走，以示抗议。她们被称作"五月广场母亲"。

总的来说，杀害施暴丈夫的女性并不是侵害行为的被动受害者。她是一个愤怒的人，她意识到：被虐待不是她的错，她不应该受到虐待，但她生活在一个社会关系体系中，而这个体系中的社会机构并不能够支持她。将强奸和家庭暴力的被害人称为"幸存者"增强了女性是被动受害者的观念。因为生存的字面意思是"活着或存在"（*Webster's New American Dictionary* 1995）。许多女性不仅仅是强奸和暴力的幸存者，她们所做的不仅仅是"活着或存在"，她们中的一些人成为倡导者，以个人或集体的形式积极反抗压迫（Faith 1993）。其他一些女性意识到了自己在社会结构中的弱势，学会了保护自己，以免成为受害者。

然而，女性的受害者形象对女性和男性的生活产生了重大影响，强化了女性对受害的恐惧和其生活的限制。例如通过这些图景，我们了解到，女性很容易成为暴力侵害的目标，很脆弱，需要男性的保护；女性应该限制自己的行为和活动，这样"坏事就不会发生在她们身上"。我们还了解到，街道很危险，家里很安全，尽管现实情况与这大相径庭。因而毫不奇怪的是，过去25年来对犯罪恐惧的研究一直在表明，女性比男性更害怕犯罪（Ortega and Myles 1987; Skogan 1986; Warr 1984）。

受害者的社会建构

大约30年前，彼得·L.伯格和托马斯·卢克曼（Peter L. Berger and Thomas Luckman 1967：1）便已指出，普通人"生活在一个对他来说'真实'的世界里，尽管真实的程度并不相同。他有或多或少的自信，认为自己'知道'这个世界具有这样那样的特征"。伯格和卢克曼的观点很容易被用来理解我们关于犯罪的一些最常见的概念，以及许多塑造这些概念的相互交织的主题和图像。普通人拥有大量有关犯罪的"知识"。这些知识是由罪犯和受害者的故事、图像、文化表现以及其他影响所共同塑造的。我在第二章中已经讨论了公众对犯罪和其他相关主题的"无处安放的"恐惧是如何塑造罪犯的流行形象的。例如在流行文化中，罪犯的形象往往带有种族色彩，他们是深色皮肤，囊中羞涩，还可能吸食毒品。

类似的焦虑也参与塑造了受害者的形象。如果成为一名罪犯意味着背弃了美利坚民族，那么我们想象中的典型的受害者形象，就是被邪恶势力迫害的善良的美国人。许多美国人并不会将自己视为由大型经济机构和政治决策掌控的经济力量的受害者，而会将自己的问题归咎于某些群体。这种受害的感觉会以不同的形式表现出来。美国人将自己视为受害者，因为他们认为自己缴纳的税款被用来支付诸如穷人、移民、未成年单身母亲等群体所需的社会服务。如今，许多白人男性表示，平权行动政策"太过了"（Berke 1994b：A–21），他们成了这些政策的受害者。因为"不合格的女性和少数族裔"在理应属于白人男性的工作岗位上享有了不公平的优势，而白人男性显然认为自己是这些岗位唯一合格的应聘者（Estrich 1994：54—55）。许多美国人也感到被许多社会弊病伤害，尤其是毒品和犯罪，而这些弊病应归咎于穷人和少数族裔。他们觉得女性解放运动也应受到谴责（Faludi 1991）。毕竟，如果女性都待在家里，情况就会有所不同。即使是那些因为一份工资已经不足以养家而不得不工作的女性，也应该在孩子们从学校回来的这段时间待在家里，并承担大部分无偿的家务劳动。因此，即使有工作，女性也以各种方式被束缚在家里。

媒体对受害者的描述与"身为美国人"的含义是一致的。受媒体欢迎的受害者是白人、中产阶层，或者（最好）是中上阶层（Cose 1990：19）。此外，媒体通常将受害者描述为正派、负责、勤奋、注重家庭的人。在极少数情况下，当拉美裔和黑人被视为受害者时，他们也会被描绘成分享了一些"美国"价值观的人，他们与同种族的其他成员是不同的：他们工作更努力、更有魅力，是更好的学生或更好的人（Cose 1990：19）。辛迪·德尔·卡门·维拉尔巴（Cindy Del Carmen Villalba）的被害反映了这一趋势。1995 年 7 月 15 日，新泽西州北部的《记录报》的头条新闻是："20 岁的优等生被抢劫犯杀害。"据该报报道，受害者是一名来自新泽西州帕特森的拉美裔，是在高中毕业典礼上致告别辞的优秀毕业生，也是"家里第一个上大学的人"（Kunkle 1995：A–1，A–7）。言下之意是，尽管受害者是拉美裔，但她是一名优等生，这使她与其他少数族裔的成员不同，他们通常描述为懒惰的、未受过教育的人。因此，受害者的遭遇值得被报道，因为她是一个"好人"，所以也是一位被陌生人杀害的、无可指摘的女性受害者。但是，如果她不是一名优等生呢？这桩罪案还值得报道吗？是什么让一个人成为一个值得同情或罪有应得的受害者呢？

大众媒体推崇上层和中产阶层的白人受害者，因此我们认为，受害者的公众形象反映了阶层、种族以及性别的等级制度。媒体报道的许多备受瞩目的犯罪——罗伯特·钱伯斯杀害珍妮弗·莱文、中央公园慢跑者案、妮科尔·布朗和罗纳德·戈德曼谋杀案等等——都会给人留下一种错误的印象，即大多数犯罪受害者都是白人中产女性。尽管全国犯罪受害调查表明，黑人女性的受害率（51.5/1000）高于白人女性（42.9/1000）（Bureau of Justice Statistics 1995a：233），但媒体报道有色人种女性受害的罪案更少。这也许是因为，为了肯定奴隶制期间及其后的针对非裔美国女性的强奸和性剥削，她们在历史上常常被描绘成性欲旺盛的、争强好斗的人（Mullings 1994：269）。这样的形象使她们理所当然地成了应受谴责的受害者。最近，黑人青少年作为单身母亲、滥交且可能沉迷于可卡因的相关形象进一步强化了黑人女性应受谴责的受害者形象。

女性作为受害者的形象

在本研究中，受访者会被问到的问题之一是："在你看来，谁更有可能成为犯罪的受害者？"与受害者统计数据显示的情况相反，无论受访者属于什么年龄、种族和阶层群体，大多数人都表示，女性比男性更有可能成为犯罪的受害者。白人受访者之一的南希毫不迟疑地说道："当然是女性。"只有很少一部分受访女性表示，性别无关紧要；极少数人表示男性比女性更有可能成为犯罪的受害者。在一群由来自中产家庭的白人大学生组成的焦点小组中，希瑟说，"任何人都可能是受害者"，但"女性肯定比其他任何人都更容易受到犯罪的侵害"。朱迪丝回答道："典型的受害者肯定是女性。"我问："能给我举个例子吗？"希瑟说：

我想到的是几年前在佛罗里达大学被杀害的一群女生。因为我最亲近的朋友都上过大学，我在佛罗里达大学有很多朋友……当我想到犯罪受害者时，我会想到这些女生。因为有4个女生住在大学公寓里，正准备开始新学期，然后一个住在树林里的男人闯进了她们的家，残忍地杀害了她们。我认为，她们是受害者，因为她们是待在自己家里的普通美国人，对可能发生在她们身上的事情一无所知，毫无戒备心，但是事情就这么发生了。

希瑟的故事很有启发性，原因有几个。首先，从所有可能的受害者形象中，她选择谈论的是与自己情况非常相似的：她就要上大学了，佛罗里达大学的女生也是如此。这是一个典型的反应。参与者分享的许多关于受害者的故事都与参与者自己的处境密切相关。其次，希瑟描述的罪犯完全符合经典的罪犯理念：一个陌生人，住在树林里，可能没有工作，而且"很奇怪"。最后，希瑟叙述中的女性符合无辜的或普通的（等同于白人）参与正常活动的女性形象。袭击发生在受害者本应该在的地方，她们没有参与任何被认为不适合女性的活动。

受访者还经常提到儿童是犯罪受害者。访谈参与者分享的最常见的故事之一是"小孩子被开车经过的人绑架了"。27岁的拉美裔女性加布丽拉说："孩子们更弱。他们是善良的、无辜的，根本不知道邪恶是什么样子。"因此，无辜是受害者的一个重要特征。玛格丽特是一名白人青少年，她与我分享了她印象中的受害者形象：

> 对我来说，受害者就像小波莉安娜①。我想象的是一个金发女孩，就像……来自中西部，扎着马尾，天真无邪，走在纽约市的街道上，唱着歌："啦啦啦……"

上文叙述中所包含的表述与本书的论点尤其相关。其中，玛格丽特总结了几个要素。除波莉安娜的形象所表现出的天真和无邪之外，玛格丽特选择了一个扎着马尾的、中西部女孩的形象。这代表了"美国主流女孩"的形象：一个白皮肤、金发碧眼、善良、纯真、顾家的年轻女人。几家报纸在报道俄克拉何马州爆炸案时称中西部为"美国的心脏地带"。媒体报道称："还有什么比中西部更能代表美国的呢？"此外，玛格丽特想象的犯罪行为是发生在纽约市这样一个大城市中心，这是一个极有可能发生令人发指的犯罪行为的地方。

对罪犯和受害者的描述的两极分化是显而易见的。将犯罪行为描述为黑暗与光明力量之间史诗般的斗争，受害者是羔羊，罪犯是恶狼；受害者是无辜的，罪犯是罪恶的；受害者是女性和儿童，罪犯是深色皮肤的男人。这些描述的确很有吸引力。然而，事实是，这些图景过于简单化和扭曲了犯罪的事实。这些描述不仅使女性比男性更恐惧，还使我们相信，女性应当完全地服从，而男性完全掌握着侵袭的权力，正如男性控制着街道，女性应该被送回家中，而她们实际上更容易在家中受到伤害。

尽管美国社会确实存在性别分化，但女性并不是牺牲的羔羊，

---

① 波莉安娜是美国作家埃莉诺·霍奇曼·波特（Eleanor Hodgman Porter）的小说《波莉安娜》（*Pollyanna*）中的主人公。

男性也不是《小红帽》中的恶狼。社会现实比这些二分法更为复杂。当然，男女之间的关系嵌在性别、阶层和种族结构的背景中，但正如黑格尔辩证法告诉我们的那样，它们不能被简化为"女性＝受害者""男性＝加害者"或"女性＝好的""男人＝坏的"的简单概念。相反，男女关系中存在许多矛盾，女人和男人一直试图协商和调整他们在关系中的位置。此外，个体层面的男女关系受到多种因素的影响，其中最主要的因素是对经济资源的控制。而且，这些关系不是一成不变的；它们处于不断变化之中。这就是为什么男性和女性的每一次交流都很重要，每一次仪式的进行都很重要：因为每一次行动都有助于个人和社会性别关系的社会演变。女性永远顺从、男性永远咄咄逼人的观念有助于维护基于性别的等级制度，提倡一种保守心理，即女性被视为永远需要保护，而男性则是永远的保护者。

作为受害者的白人女性

尽管少数女性表示受害者的种族身份无关紧要，但大多数女性认为，白人女性比黑人女性或拉美裔女性更有可能成为犯罪的受害者。与我的假设一致，白人中产女性符合主流社会犯罪意识形态中普遍存在的无辜受害者的形象。非裔青少年梅琳达说："白人女性经常成为受害者，因为她们不知道如何尖叫。"另一位非裔青少年伊薇特表达了她对谁更害怕犯罪的看法："大多数害怕犯罪的女性都是白人，这是事实。我知道这是真的。"她声称，白人女性在经过黑人男性时，甚至有时经过黑人女性时，会看起来很害怕。"就像我们一样。"她总结道。伊薇特和焦点小组的其他参与者都是无家可归的青少年。因此，伊薇特的话背后的含义是，白人女性也对贫穷的黑人青少年女性感到害怕。一些拉美裔青少年表达了类似的想法。在布鲁克林组织的一个拉美裔青少年焦点小组中，参与者讲述了她们的观察结果：

> 受害者更多是白人女性，因为她们不知道如何反抗。
> 我们知道如何反抗，我们知道如何照顾自己。
> 这也是为什么他们不惹我们。
> 但白人女孩害怕所有人，害怕拉美裔，害怕黑人。这就是她们更多成为受害者的原因。她们更容易被袭击。
> 从我小时候起，我就不得不照顾好自己。所以，我知道怎么做。白人女孩总是有人照顾她们，这就是为什么她们学不会保护自己。

这里描述的白人女性符合社会认可的女性形象。因为好女孩不打架，所以白人女性被教导不要卷入肢体冲突。只有坏女孩或有色人种女孩才会跟人起冲突。由于美国中上层白人谴责参与肢体冲突的女性，有时甚至谴责参与言语冲突的女性，所以贫困女性和有色人种女性觉得自己在冲突方面占有优势：她们必须学会如何保护自己。这使她们成为现代女巫，无所畏惧，一直被媒体和大多数美国人妖魔化。

作为受害者的黑人女性和拉美裔女性很少出现在媒体上（Benedict 1992：8—9），这从几个方面影响了犯罪恐惧。首先，本研究中的白人女性会比黑人女性和拉美裔女性更频繁地表达犯罪恐惧。这种差异在青少年中尤为重要，中产家庭的白人青少年会比黑人青少年和拉美裔青少年表达更多的恐惧。其次，白人女性作为无辜受害者的形象包含了"白人女性身份"这一隐含的概念，这被认为是一种需要保护的重要品质。黑人女性和拉美裔女性的美德则没有那么重要：因为种族身份，她们理应是应受谴责的受害者，除非她们与白人中产受害者有一些共同之处。因此，为了被认定为受害者，黑人女性和拉美裔女性必须证明她们比同种族的其他女性更好，比如是更好的母亲、更好的学生、更虔诚的或更贤惠的。

在本研究中，不支持白人女性受害者形象的访谈参与者是一些讲西班牙语的工人阶层的拉美裔。她们表示自己更有可能成为犯罪的受害者。吉塞拉对其他访谈参与者解释道：

> 我们更有可能成为受害者。我们孤立无援，我们不在自己的国家，英语说得也不好。这让我们变得更加脆弱。

拉美裔女性伊丽莎白也分享了一个故事，体现了她所感受到的孤独和脆弱，以及这与她认为的受害者形象之间的关系：

> 我在"拉美女孩"电台听到过一个关于一名女性在公寓里被杀的故事。她大声呼救，邻居们也听到有人在尖叫。但是，他们听不懂她在说什么，因为她是用西班牙语求救的。她才25岁，大声喊救命，却没有人来救她。无论如何，他们也应该出来看看发生了什么吧，但他们什么也没做。

受害、犯罪恐惧和移民身份之间的关系尚未得到研究。然而，伊丽莎白的话让我们看到了女性移民所面临的恐惧。因为与她们的大家庭和社区分离，拉美裔女性感到特别孤独或脆弱。即使她们大声呼救，人们也充耳不闻，因为人们根本就听不懂。在许多拉美裔女性心目中，这是一种极具影响力和情感吸引力的描述。其中一些人提到了与犯罪恐惧有关的语言障碍。玛丽亚和埃琳娜是两位30多岁的拉美裔女性，她们用西班牙语说道：

我害怕有人要抢劫我，我不明白他们想从我这里得到什么。这个念头让我很害怕，因为他们甚至可以杀了我。

是的，我们非常受限，因为我们不会说英语。如果我们出了什么事，我们甚至无法寻求帮助。前几天有人偷了我的钱包，我能怎么办？我还没有身份证件，我只能把愤怒藏在心里。现在我更害怕了，但也更小心了。

尚未获得身份的女性尤其容易受到伤害，因为她们害怕被驱逐出境，所以不能向警方报告自己的受害情况。因此，她们必须对在家里和街头针对她们的罪行保持沉默。正如埃琳娜所说，这让她们更加恐惧和谨慎，从而更加严格地限制她们的生活。

受害者二分法

受害者的形象不是单一的。它们可以构成一个光谱，光谱一端代表值得我们洒泪同情的善良的、无辜的受害者,另一端代表不值得我们哭泣的糟糕的、应受谴责的受害者。这种标签不仅是媒体赋予受害者的,也是公众赋予受害者的。最终,它们成为大众话语中代表受害者的一部分,并且塑造了有关犯罪的意识形态结构。有些受害者可能处于两个极端之间。例如那位中央公园的慢跑者因天黑后在中央公园慢跑而被贴上了"愚蠢"的标签。虽然她同时具有无辜的受害者的许多品质,比如她是白人,一个中上阶层的股票经纪人,工作努力,负责任。但她不可能完全是无辜的,因为她去了一个她不应该去的地方。一个无辜的受害者需要注意她身处哪里,和谁交往。她绝不能违反关于"适当"地点和"适当"的人的明确规范。

我所说的无辜的受害者,并不是指某类犯罪的真正受害者或有成为犯罪受害者风险的人。相反,我指的是,在我们的认知中由犯罪意识形态塑造的有关受害者的看法,即某些人可能成为受害者。我对"无辜受害者"的定义类似尼尔斯·克里斯蒂(Nils Christie)的"理想受害者"的概念,即"一个人或一类人,在受到犯罪伤害时,最容易被赋予的作为受害者的完整的合法地位"(1986:18—30)。理想受害者的典型形象是无辜的人,他们被抢劫、袭击、劫持或杀害,但不能因自己的受害而受到谴责。美国文化中的一些叙事展示了理想受害者的流行形象。一个典型的例子是,一位年长的女性为了照顾生病的妹妹,在中午去银行取钱买药时遭到了一名"理想罪犯"的袭击。这名黑人男子试图抢走她的钱包,把她拖到了街中央,导致她被一辆路过的汽车撞倒了。这名男子是个瘾君子,他打算用这些钱买毒品。

在许多情况下,这些标签在法庭上被正式化了。辩护律师试图通过展示受害者的罪责来证明被指控的施暴者是无辜的。例如在著名的辛普森案中,妮科尔·布朗被描绘成有罪的受害者,因为她不守妇道——有好几个情人,是一个派对女孩,还喝酒、吸毒。所以,她也不是一个好母亲,正如一个年轻人告诉我的那样:"是她把辛普森逼疯了。"

无辜受害者的例子很多。儿童和老年女性是令人发指的罪行的受害者,占这些陈述的绝大部分。其中一位接受访谈的女性,马西娅,与我分享了她对无辜受害者的看法。她说:

> 还记得那个女孩吗?波莉·克拉斯?她在加利福尼亚的家中被一名男子绑架,最终被杀害。她的照片当时传得到处都是。我想她当时就在自己的房间里,和其他女孩一起玩。对我来说,这是可能发生在任何人身上的最糟糕的事情了。想象一下她可怜的父母。

这一令人发指的罪行引起了媒体的极大关注,并在全美各地引发了"三振出局"的法律倡议(《波莉·克拉斯案陪审团的选择开始了》,《纽约时报》,1995 年 7 月 12 日,A–12)。在波莉·克拉斯一案中,无辜的受害者是一个中产家庭的 12 岁的白人女孩,她身处自己的卧室,与其他无辜的女孩待在一起,但突然被从阴影中走出来的陌生人袭击了。

波莉·克拉斯谋杀案确实骇人听闻。然而,在美国每天发生的数千起犯罪中,只有少数会成为新闻。它们之所以会被挑选出来进行报道,是因为它们能够激发公众的情绪,最重要的是,它们会很受欢迎。这些新闻报道还促进了"大众媒介的视觉文化"的产生,这种文化以对犯罪、罪犯、非罪犯，受害者和非受害者的主导性假设为基础（Barak 1994b：3）。通过这些对无辜的受害者的描述，一个由图像、主题、概念和编码组成的复杂网络被嵌入我们的潜意识，帮助我们构建了一个共享的社会现实，满足我们的幻想和焦虑。这些大众媒介的主题教会我们最应害怕什么罪行，害怕什么人，在哪里或何时感到害怕，谁更有可能成为受害者，谁是无辜的或应受谴责的受害者。

一些访谈参与者提到的另一个主题是体型与受害者身份之间的关系。尽管没有关于体型和犯罪恐惧的研究，但身材矮小的女性确实符合社会对软弱和脆弱的想象。用乔迪的话来说：

> 对我这样身材矮小的女性而言，体型与成为受害者有很大关系。像我这样体型矮小的女性更有可能成为受害者。尤其是身材矮小的女人，她们四处走动时，看起来毫不起眼。

正如我们稍后将要讨论的，一些女性也说过，当有一个高个子男人陪伴时，她们会感到更受保护。我认为，身材高矮与美国文化中被视为女性和男性的气质有关。灰姑娘的脚很小，象征着她的女性气质。西班牙语流行歌曲也在谈论小女人，细腰和小脚是"完美女人"的化身。

与现实中的犯罪情况相反，访谈参与者中另一个普遍的信念是，受害是"一件随机的事情，即使是80岁的老妇人也可能被强奸"。年长的白人女性诺尔玛总结道："可能是任何碰巧在路上的人。"儿童尤其是随机暴力的受害者，尽管现实情况是许多侵害儿童的行为是由其父母或监护人实施的。例如理查德·盖利斯和默里·斯特劳斯（Richard Gelles and Murray Strauss 1979：15—39）的一项研究表明，美国每年有 140 万至 190 万儿童受到父母的身体虐待。然而，重要的是，这不是伯格和卢克曼所说的"真实"，而是人们在日常生活中所认知的现实——或基本的常识（1967：15）。

性与性犯罪

本研究中的许多参与者将女性称为谋杀或性犯罪，特别是强奸的受害者，尽管也有少数人提到街头性骚扰是一种受害形式。其实事实上，女性更有可能成为财产犯罪、抢劫和家庭暴力的受害者，但媒体不断将女性描述为性犯罪的主要受害者。这一图景强化了这样一种观点，即对女性而言最重要的是她们的性（Faith 1993）。

正如海伦·贝内迪克特（1992）的书名所指出的那样，"处女或吸血鬼"的形象强化了人们对女性的负面刻板印象，即诱惑者，现代夏娃。在许多情况下，她们应当为自己的受害负责。1996 年 1 月 15 日出版的《新闻周刊》（Newsweek）生动地展示了媒体对女性的二分法描述。那时第一夫人希拉里·罗德姆·克林顿（Hillary Rodham Clinton）已经成为共和党成员攻击的目标。她登上了《新闻周刊》的封面。她的照片下面用白色和红色字母印着两个词，反映了媒体经常用来描述女性的刻板印象："圣人还是罪人？"

在本研究中，很多女性表示，穿着挑逗的女性应该为自己的受害负责。一群上了年纪的白人中产女性这样讨论她们的观点：

这可能也是过时的想法了……这些年来我听了很多……比如今天的年轻女孩们……我想……哦！她们在自找麻烦……看看她们中的一些人在街上的行为……她们的穿着,没有留下任何想象的余地。我只会想起我妈妈过去常说的话……你知道吗?她们在自找麻烦。一个体面的女孩不应该穿那样的衣服。

是的,我同意。尤其是现在的女性穿紧身裤,什么都展现了出来。然后,如果男人看她们或者摸她们,或者说一些她们不想听的话,她们就会抱怨。

尤其是一些年轻人……黑人女孩和拉美裔女孩。她们喜欢穿紧身裤……或者特别短的超短裙。

她们就是自找的。是的,我想她们喜欢这种关注。而男人,你知道他们是怎样的……这些女人在挑逗他们。

这些表达意味着,不遵守特定着装规定的女性应该为其受到的骚扰和袭击负责。此外,这些说法符合与应受谴责的受害者有关的阶层和种族刻板印象。一位焦点小组的参与者表示,白人中产女性穿着得体,而社会下层的黑人女性和拉美裔女性喜欢展示自己的身体,她们是"吸血鬼"。

总体而言,社会下层年轻的拉美裔和非裔女性表达了这样一种观点,即女性有权按照自己想要的方式穿着。非裔青少年克拉拉强调说:"我们没有伤害任何人。"她总结道:"我想怎么穿,就怎么穿。"拉美裔青少年使用的其他表达方式是"女性有权按照自己想要的方式穿着";"男人想怎么穿,就怎么穿,不是吗?";或者"不管你穿什么,男人都会骚扰你,为什么要庸人自扰呢?"然而,来自中产家庭的非裔青少年在表达她们的观点时更为谨慎，她们认为"女人应该穿自己想穿的衣服"。梅琳达说道："男人会跟着打扮成妓女的女孩。"最后，所有的女性参与者的一个普遍的回答是，那些展示首饰或炫耀金钱，不谨慎的，"看起来很害怕、没有安全感"或"天真愚蠢"的女性在某种程度上会给自己招致祸患。伊维利斯说："也不是说她们就是咎由自取，但这也是事实。你必须得自己小心点。"

其中许多图景已经渗透到处理犯罪、罪犯及其被害人的刑事司法机构中。警察经常将受害归咎于女性自身。其中一名参与者讲述了发生在她姐姐身上的一件事。她姐姐在睡觉时被闯入公寓的陌生人强奸了。据她的描述，警察提出了一些问题，且用带有指责的语气问道："你睡觉时穿的是什么？你通常是裸睡还是穿睡衣？你穿的是什么颜色的内衣？"尽管犯罪发生在八月中旬一个炎热的夜晚，她姐姐还是被问道："你的窗户为什么开着？"有些问题对确定犯罪情况可能是必要的，但警察应该保持足够的敏感，而不是用一种非指控性的语气来提这些问题，但实际这些提问是带有指责性的。

有关女性受害者的类型学

无辜的和应受谴责的女性受害者的形象有着大量清晰的、可辨别的特征。表 2 列出了本研究中出现的构成了一些主要主题的 8 个特征。这些特征植根于无辜的和应受谴责的受害者的社会建构中。因为这些都是理想的类型，所以有些案件可能无法严格符合有罪和无罪这两个光谱的最两端的形象。然而,我的论点是,在女性受害的情况下,公共话语往往变得两极分化:女性受害者要么是处女,要么是妓女;要么是圣人,要么是魔鬼;要么是波莉安娜,要么是贱人。

如表2所示,无辜的受害者通常是一位受人尊敬的女人,通常已婚,有子女或寡居。如果她"仍然"单身,那么她要么是个年轻处女,要么有一个稳定的男朋友。据几名参与者描述,对无辜受害者的袭击通常发生在她们开车送孩子上学、上班或上课的途中,或者更理想的是去教堂的路上。年长的拉美裔女性拉米拉告诉我:"那个在我家附近被枪杀的可怜的女士,你不会相信的,她是在去教堂的路上被枪杀的。"

表2 女性受害者的类型学

无辜的受害者	应受谴责的受害者
她是个受人尊敬的女人。	她是一个名声不好的女人。
她在从事一项体面的活动时遭到袭击。	她在从事一项被认为不适合女性的活动时遭到袭击。
袭击的地点和时间被认为是女性本来适合出现的地点和时间。	她出现在一个被认为对女性不安全的地方和/或时间。
她比袭击她的人弱。	她很强壮,本来可以保护自己。
她穿戴着保守或朴素的衣服和首饰。	她穿着挑逗或暴露,装扮得不像体面的女人。
她与受人尊敬的人交往。	她与有问题的人群交往。
她遭到了一个"理想罪犯"——一个陌生人的袭击。	她遭到了一个声名狼藉的朋友或陌生人的伤害。
这次袭击是恶性的,造成了重伤或死亡。	即使她受伤了,她也是在夸大或捏造袭击的性质。

因此，不能责怪无辜的受害者在特定的时间出现在袭击地点，因为她只是在履行作为母亲、职员、学生、家庭主妇或宗教人士、以家庭为导向的人的职责。她无法防御攻击，因为她比攻击者更弱，或者如果她尝试了，她也抵挡不了。因为"女性更弱"；"即使我们努力，男人也要强壮得多"；"一旦你陷入这种境地，你真的无能为力"。这些是用来表达女性无法击败男性的观点中最常见的表述。

正如几名参与者所表达的那样，无辜的受害者穿着非常传统：她的衣服不会露出乳沟，她既不穿"挑逗性"的紧身裤，也不穿太短的裙子。她是一个"值得尊敬"的人，她和其他传统的人交往。而攻击者通常是一个不知从哪里来的且声名狼藉的陌生人，潜伏在阴影中等待着猎物。由于这次袭击，受害者受了重伤，遭到了强奸，甚至被杀害。正如我将在下一章中要讨论的，参与者分享的许多故事都包括了把精神错乱的陌生人作为罪犯的形象。

相比之下，应受谴责的受害者通常被妖魔化为与不同男性发生性关系的女性。如果她有孩子，她可能也是一个单身母亲；她会因为外出而忽视孩子们，让他们独处；她很穷，可能依靠社会福利度日。袭击发生时，她正好在酒吧、迪斯科舞厅、汽车旅馆、公园里，可能在喝酒或吸毒，很可能还发生了性关系。用一位60多岁的白人女性默娜的话来说，就是：

> 你听到的所有的这些故事，有些女人和朋友出去玩，然后喝得太多，让自己陷入了某种境地……然后，如果这个男人想从她们那里得到什么，她们又会很生气。她们到底在期待什么呢？为什么要把自己置于那种境地呢？

正如几名参与者所描述的那样，应受谴责的受害者穿着挑逗，她与毒贩、名声不好的男性和/或女性有牵连，可能没有工作；她的居住地要么未知，要么是一个"糟糕的社区"；她被朋友/爱人/丈夫强奸或袭击；她是自找苦吃，现在又说自己受了重伤，就像狼来了故事中的撒谎的小孩。用一些参与者描述这些形象的常用表达来说，就是"她是自找的"。

无辜的和应受谴责的受害者的形象对我们的生活产生了巨大影响。它们是关于犯罪的意识形态的一部分，从我们很小的时候开始，这些意识形态就在潜移默化中教育我们：有两种受害者，一种是值得帮助的，另一种是不值得帮助的。第一种人值得我们的同情和眼泪；而第二种只配得到我们的冷漠，有时甚至是我们所憎恶的。但这些图景教会我们的不仅仅是对一些受害者的同情或对其他人的蔑视。首先，它们还告诉我们，对女性犯下的一些罪行不是"真正的"罪行。因为它们不是陌生人犯下的，比如婚内强奸；因为它们发生在受害者不应该在的地方，比如迈克·泰森的酒店房间，并且这名女子最终并没有像许多熟人强奸案受害者那样住进医院。其次，它们通过建立严格的行为准则来限制我们的行为，使我们相信"受人尊敬的女性"不会去某些地方，不会穿某些衣服，也不会与"错误"的人交往。它们塑造了我们的犯罪恐惧，对我们的行为设置了界限，并在"女性的恰当行为"问题上与公众达成共识。

有趣的是，不是受害者的女性也具有"理想受害者"的许多品质：她受人尊敬，只参加体面的活动；她在某些时间不经常去某些地方；她是柔弱的、脆弱的，且穿着传统；当然，她的朋友也都很受人尊敬。唯一不同的是，被疯子随机袭击的厄运没有降临在她身上。

正如本研究的一位参与者皮拉尔所说：

> 你只需要防止某些事情发生。我知道我非常小心。我不穿暴露的衣服，晚上我不会一个人出去，我不去危险的地方，我不戴珠宝首饰。如果我出去，我也不会喝酒。为什么呢？安全总比后悔好。如果发生了什么事，那只是运气不好，但我不会冒险。

无独有偶，保守意识形态赋予了理想的受害者和非受害者传统的、以家庭为导向的白人中产女性的许多品质。这些都是女性应该向往的形象，所以不会有什么不好的事情发生在这样的女性身上。她们的座右铭是：如果你不想成为受害者，那就做一个守规矩的好女孩。

由于我们被教育说，罪犯是潜伏在树林里的恶毒的陌生人，包括变态狂、失业者、黑暗中的酒鬼或吸毒者，我们必须尽可能避免和他们接触。我们被告知，要保护自己的安全，做一个好女孩，不去树林里。将女性描绘为受到陌生人袭击的受害者，是犯罪恐惧在我们生活中实施社会控制的重要手段。由于受害者的形象反映了种族、性别和阶层多维度交织的社会等级制度，无辜的受害者的形象与白人中产女性的特征不可避免地更加重合了。在这个社会中，白人女性有更多的机会接受教育，从而成为"受人尊敬"的大学生或拥有"受人尊重"的工作。根据主流媒体描绘的图景，白人女性也更有可能被认为是有"女性气质的"，她们的穿着风格是中产的、新教的和保守的。她们如果佩戴首饰，通常也是不引人注目的款式——小珍珠耳环,她们从不佩戴金色大耳环。当然,她们与受人尊敬的男性和女性交往。由于无辜的受害者的流行形象反映了白人中产女性的形象,通常是年长或非常年轻的女性形象,而且这些形象从小就围绕着我们。因此,毫无意外,一些研究表明,那些具有无辜受害者特征的人——受人尊敬的、年长的白人中产女性——也更害怕犯罪(Christie 1986:27)。在潜意识层面,犯罪恐惧使白人中产女性的美德和纯洁成为我们所有人,白人女性和有色人种女性都应该向往的理想类型。

媒体的确不是唯一传达这些图像,满足我们幻想,让我们更加恐惧的媒介。还有其他同样有效和强大的方式在教导我们学会恐惧。例如童话和睡前故事,它们非常有力地传达了犯罪和受害者意识形态,教导我们以恐惧和被动的态度应对受害。这些故事充满了女性作为无辜的、恐惧的受害者的形象,她们对自己的不幸作出的被动反应,通常是待在家里,就像我们今天被要求的那样。睡美人是一个完美的受害者,她对自己的悲剧作出的反应就是如同死去一般在城堡里沉睡了一百年!她唯一的责任就是保持美丽并等待。白雪公主一动不动地躺在她的水晶棺材里,保持被动,直到王子出现。小红帽是为数不多的几个违抗了留在家里的命令,给生病的祖母带食物的主人公之一——这是一个令人钦佩的举动,但是她也因此受到袭击,为她的勇气,或者说是愚蠢付出了代价。然而,她还是非常害怕以至于无法反击,因为那只狼比她更强壮、更高大。有趣的是,即使是被继母虐待的灰姑娘也留在了家里!她想离开虐待她的人吗?不,她耐心地等待着,直到白马王子把她从困境中解救出来。相比之下,童话故事中的男性受害者则表现出了相当的勇气和决心。

他们遇到了巨人，被鲸鱼吞噬，但他们都勇敢直面这些伤害和逆境。三只小猪的反应与小红帽的反应截然不同。他们的生存技能在故事中得到了明确的强调。他们知道如何保护自己免受坏狼的攻击（Brownmiller 1975：310）。

好莱坞的电影也教导女性保持恐惧。"开膛手杰克"是一个厌女症杀人狂，他在 1888 年秋天残害并谋杀了数名受害者，这让我们感到恐惧。几部关于他和他的罪行的电影和图书揭示了 5 名妓女的故事：她们走在伦敦街头，却不知道等待她们的命运是什么。开膛手杰克的形象为许多电影和图书提供了灵感，成了一个有影响力的虚构人物，并有助于在电影和小说中构建男性罪犯和女性受害者的现代形象，为我们当代的犯罪和受害者的意识形态提供了素材。"开膛手"的虚构形象滋长了我们的恐惧，因为他的身份一直未知，他的长相是个谜。他是一个完全没有面目的陌生人，攻击受害者，却从未被抓住。但他也是一个独行侠①，通过杀害妓女或"坏的、应受谴责的和不值得同情的受害者"发动了一场反对社会道德沦丧的战争（Bland 1992）。与传统的受害者研究一样，开膛手杰克也教导我们，一些女性是"咎由自取"，坏女孩最终会陷入自己制造的罗网中。

另一个例子可以在阿尔弗雷德·希区柯克（Alfred Hitchcock）的电影《惊魂记》（*Psycho*）中找到。一个女人在洗澡时被一个疯子袭

---

① 独行侠（the long ranger）是 1933 年底特律 WXYT 电台广播剧中的虚构人物，是一名戴着面具的前德州骑警（Texas Ranger），在美国旧西部时代，与原住民唐托（Tonto）一同反抗暴徒、维护正义。该广播剧随后被多次翻拍为电视剧与电影，这一角色也被认为代表了美国文化与精神，成为美国文化中的一个经典形象。

击的著名场景吓坏了整整一代女性。这名女子从公司挪用了公款，搬到了另一个城镇"解放"自己，与男友开始新生活，这些情节的设置并非纯属巧合。事实上，她的厚颜无耻也受到了惩罚。看完这部电影后的好几天，甚至好几周，我的妹妹都不得不在我洗澡的时候待在浴室里，以确保在这种脆弱的情况下没有人会袭击我。我这一代的一些女性都对这部电影有类似的反应。我们被教导要检查床下、壁橱里和黑暗中，寻找陌生人、疯子、变态狂和深色皮肤的男人的影子。

有关犯罪的意识形态和犯罪恐惧有助于形成一种保守的道德议程，在这一议程中，女性被告知，要通过承担传统角色和遵守被认为适当的具体行为标准来保护自己和孩子。《村声》(*The Village Voice*)的记者C.卡尔（C. Carr 1995：26—30）说："保守派总是占有优势……因为他们可以利用恐惧。"尽管统计数据显示，女性被监禁的可能性低于男性，但现实中，女性根本不需要被监禁：她们已经生活在监狱里了，监狱的墙是看不见摸不着的，但却是无路可逃的。这些监狱看起来很自然，只有在极少数情况下我们才会质疑它们。那些敢于无视它们的是新时代的"女巫"，她们就像伊莎贝尔·阿连德的《幽灵之家》中的千里眼克拉拉一样，什么都不怕。

一些女性拒绝放弃参加对她们来说很重要的活动，或者因为害怕犯罪而改变她们的生活。例如作家安德里亚·托德（Andrea Todd 1994：30）每晚都在纽约市河滨公园跑步，她写道："我的朋友们面无表情地看着我系好跑鞋的鞋带；他们恳求我不要去。当我伸手去拿随身听时，他们像抓住了最后一根稻草，然后冷冷地告诉我，我还不如带上一些身份证件。"托德女士继续写道："每个人都说我是自找麻烦。"她最后强调说:"然而,像受害者一样生活以避免成为受害者并不是解决方案。"但是,在本研究的参与者中,这样的观点并不常见。不幸的是,许多女性确实像受害者一样活着,被限制在无形监狱的围墙之内。

第 五 章

制造违法者

我脑子里的罪犯形象……是一群随便攻击人的青少年。就像……有一次，我在地铁上看到一群黑人和拉美裔青少年，他们走进车厢，喝着啤酒，来回奔跑，而其他人则在扶手杆上荡来荡去。他们的牛仔裤上挂着刀子。其中一人打开了一把约15厘米长的刀，在空中挥来挥去。然后他用它来清洁指甲。过了一会儿……他把刀扔到车厢的另一边，结果刀划到了车门。我被吓死了。毫无疑问，这些都是罪犯。

——皮尔，一位住在纽约布鲁克林区的24岁白人女性

对我来说，罪犯是一个声音沙哑的人，他躲在黑暗中，在空无一人的街道上等待猎物。当你路过的时候，他会从后面靠近你……拿着刀。他戴着一顶帽子或穿一件带风帽的运动衫，脸上有一道疤痕，看起来很吓人。

——劳丽，一位居住在纽约皇后区的15岁黑人女性

我害怕那些会强奸妻子和孩子的男人。我就嫁给了这样一个人。他非常暴力。他过去总是打我。对我来说，他就是最恶劣的罪犯。我没法信任男人。

——克劳迪娅，一位住在新泽西州北部郊区小镇的35岁拉美裔女性

我们的犯罪意识形态是由一组图像塑造的——一组关于罪犯和受害者、犯罪及其原因、惩罚和犯罪控制的主题、符号和代码（Hall et al.1978：139）。在如今以保守为主的社会氛围中，这些图像与公民秩序、道德和家庭价值观等更大的社会问题密不可分。在美国，关于犯罪的讨论目前是在保守观点的影响下进行的，这种观点侧重于对自我克制、自力更生和个人责任等个人特征的强调，忽视了社会自身对犯罪行为的不断推动。这些意识形态有助于建立和构建公共话语。它们构成了一种不容置疑的信条，并成为"集体情感力量和吸引力"的来源（Hall et al. 1978：40）。例如在没有人质疑的情况下，一名访谈参与者情绪激动地告诉我：

> 每个人都知道，唯一有效的办法就是把罪犯长期关在监狱里。你不觉得吗？……你是个犯罪学家。你比我更了解这些事情。我们需要以一种能让他们恐惧的方式惩罚他们。他们需要知道，如果他们犯下其他罪行，他们将永远待在监狱里。我们需要让他们恐惧。就是这样。问题是我们对罪犯太心软了。

有关犯罪的议题总是在情感上抓人眼球。这些议题不仅围绕惩罚、受害者和罪犯等"无人不知"的问题形成了社会共识，而且还触及了美国人心目中的基本价值观——民族自豪感、职业道德、个人独立和遵守纪律。可能与一些人所认为的相反，对犯罪的认识不仅仅是确定什么是本质性的"错误"或"正确"。因为如果是这样的话，人们可能会问：为什么有些行为会被一些群体认为是犯罪或错误的，而另一些群体则不那么认为？谁对是非的定义占主导地位？以下几个例子就足以说明这一点：堕胎、同性恋和吸食大麻等问题只是目前美国公众舆论中最具争议的一些话题。此外，被认为是错误的（或犯罪的）的行为也会根据历史情况而发生变化。例如在禁酒期间，饮酒被定义为犯罪行为。

一些社会学家，如社会结构主义者埃米尔·涂尔干（Emile Durkheim 1982）提出，犯罪应被视为一种功能现象而非道德现象。通过定义社会不愿容忍的行为，犯罪有助于创造限制或界限。对越轨行为和越轨者的这种定义是由历史和文化决定的。例如在第二次世界大战期间，日裔美国人被集中安置在美国的拘留营。他们被认为是敌人，因为美国正与日本交战。因此，日本移民被视为违法者。如今，美国人对日本人的认识已经完全不同，他们认为日本人是勤奋、自律、遵纪守法的人。

正如许多社会学家所指出的，在制造违法者的过程中，我们也创造了社会身份（Chancer 1992：159—160; Durkheim 1982; Erikson 1966; Sagarin 1975）。违法者的出现将社会成员聚集在一个共同的信念中，将他们的反对态度指向那些社会界限之外的人。恐惧是制造违法者过程中一个非常重要的组成部分：我们应该害怕他们，因为他们是危险的、邪恶的，或者是对"我们"有威胁的。产生这种恐惧不仅对形成有关错误或正确的社会共识至关重要，而且对制定打击性措施来清除或铲除违法者也有重要的促进作用。例如犹太人曾被定义为违法者，这既有助于建构当时德国人的意识，也为二战期间屠杀600万犹太人提供了理由。因此，正如林恩·钱瑟（Lynn Chancer 1992：160）所说，制造违法者"在某些情况下更具暗示性"，支配和服从的关系在其定义中起着决定性作用。违法者的定义也根据历史的发展形势和社会的需要而有所不同。

作为违法者的犯罪者

目前哪些社会状况有助于将罪犯定义为违法者呢？罪犯作为违法者的形象是如何影响女性的呢？这些图像与女性的犯罪恐惧之间有什么关系呢？

20世纪90年代日益加剧的经济不平等对违法者的制造产生了深远的影响。过去被认为是所有美国人应该继承的资源和机会——医疗保健、教育、社会保障和稳定的工作——正变得专属于某个群体。在当前情况下，定义谁"属于"、谁不属于这一群体的必要性变得至关重要，因为这具有深远的影响：那些属于这一群体的人更有可能从稀缺的资源中受益。只有"真正的美国人"才有权享受这些稀缺的福利。而且，在一个按阶层、种族和性别划分的社会中，这些福利将得到相应的分配。因此，种族、阶层和性别界限需要加强。

关于犯罪和犯罪恐惧的讨论，有助于制造一个处于公民社会边界之外的违法者。陌生人的形象就是制造让人恐惧的违法者的范例。比如在小巷和公园的阴影中徘徊的深色皮肤的男人。这个形象是在日常对话中创造和再创造的,罪犯是来自其他族裔的人,可能是移民,当然还有穷人。我们每天都盯着违法者,他回头瞥我们一眼,就能从我们的电视屏幕、杂志和报纸上威胁我们,入侵我们的家,占据我们的想象。

犯罪恐惧使社会成员有机会通过阶层、种族和性别话语,来合法化社会等级制度,而避免表现出公开的种族主义、阶层主义和性别歧视的倾向。例如当面对种族和犯罪问题时,50多岁的白人中产女性娜奥米告诉我:"黑人男性必须团结起来。他们每天都在美国街头互相残杀。"娜奥米的话反映了一个可悲的现实。黑人对黑人的犯罪在美国确实是一个严重的问题(Mann 1993:46)。然而,娜奥米的话也包含了对黑人的隐性概括,就好像整个黑人族群都要为某些非裔美国人所犯下的罪行负责。但诸如此类的叙述忽略了一个事实,即绝大多数非裔美国人都是守法的人。此外,在白人犯罪的情况下,即使是连环杀手和大屠杀的凶手(其中大多数是白人),也很少听到"白人最好团结起来"这样的表达。

当人们面对骇人罪行的新闻或犯罪恐惧时,性别结构也会出现在他们的日常对话中。例如一个平时强调女性与男性一样有权使用公共空间的人,在谈到中央公园慢跑者案时可能也会说:"好吧,她到底是怎么想的呢?难道她不知道一个女人晚上不应该去公园吗?"言下之意是,遭遇强奸至少有部分是她的错,因为她出现在了一个禁止女性进入的地方。同样,一个认为女人和男人有同等权利从事任何工作的人,可能也会告诉他的伴侣:"亲爱的,我认为这份工作不适合你。你必须自己通勤,这对女人来说可能很危险。你知道的,当男人看到女人独自通勤时,他们总是试图袭击她。你真的想要这样吗？"因此，种族、阶层和性别区隔是关于犯罪的日常话语的基本组成部分。

罗丝安妮是一位 50 多岁的白人中产女性，她与焦点小组的其他参与者分享了以下观点：

> 我们必须诚实面对这件事。事实是，大多数犯罪都是由一小群人犯下的，他们的行为就像……野兽。所有这些关于教育或……改变他们的讨论。老实说，我认为他们不会改变的。这只是浪费我们交的税。如果他们不想自救，你能做什么？他们不想工作，就像我们其他人一样。我不想我的税钱花在他们身上。就让他们坐在监狱里无所事事吧。他们就应该被关起来，也没有电视可看，什么都没有。

在随后的谈话中，她补充道：

> 我们实话实说吧，现实情况是，大多数罪犯都是少数族裔。他们中的许多人来到这个国家，以为可以生活得很轻松。你知道吗？然后他们发现他们必须像我们一样工作。多大点儿事啊！这让我很生气。

这样的评论反映了阶层和种族在大众话语中的相互关联。这位女性受访者没有使用公开的种族主义词语或贬义词，而是描绘了一个强大的、抓人眼球的违法者的形象。他是一头野兽，是不理智的、暴力的；他是一个来自社会下层的陌生人、失业者；他与我们不同。

他是一个无法被改变的人，他是一个移民，或者可能是少数族裔的一员，而不是一个"像我们一样"坚信职业道德的人。这些形象对我们的生活产生了巨大的影响，因为它们不仅塑造了我们的犯罪恐惧，而且还是对过去几个世纪一直在实施的打击性犯罪政策的呼吁。

在本研究中，无论种族如何，女性都明显认可极度种族化的罪犯形象，而黑人和拉美裔男性是大多数女性最担心害怕的对象。在一群受过教育的年轻的白人中产女性的讨论中，明娜说：

> 哦，我感觉这样不好。但是我觉得当你问这个问题时，我想到的任何事情都是……（犹豫地）我想到了一个又瘦又高的黑人。我知道这是媒体的刻板印象，但这也是我想到的第一个形象。

同一组的两名参与者莉莲和安杰拉对此表示赞同：

> 我不想这么说，但这正是我当时的想法。
> 我也是。

明娜、莉莲和安杰拉的话反映了这些图像对人们生活的深刻影响。这三位受过高等教育的女性明白，她们对罪犯有着共同的刻板印象。然而，意识到并不能解决问题：刻板印象仍然是我们脑海中浮现的第一幅画面，并且塑造了我们的恐惧，限制了我们的生活。当我们走在街上，一个黑人走近我们时，这些画面就会"出现"。尽管我们可能会提醒自己，这只是"媒体上的刻板印象"，但这并不能阻止我们感到恐惧或作出反应：我们穿过街道走到对面或紧紧地抱住包。这个小小的习惯再现了整个社会中存在的种族、阶层和性别关系。

在亨特学院的几次课堂讨论中，非裔男学生向我们解释了他们每天从擦肩而过的人那里受到的冒犯。例如马克讲述了他在商店里是如何经常被店员跟踪的。人们的假设是，因为他是一名黑人男性，所以他在那里不是为了买东西，而是为了偷东西。罗伯特，一位身高一米九的非裔学生以一种戏剧性的方式在课堂上呈现了他的日常经历，这让我们不禁大笑起来——当他进入电梯或经过电梯时，"人们看着我，脸上都是惊讶的表情！"（罗伯特睁大眼睛，用双手捂住张大的嘴）尽管我们都被罗伯特戏剧性的表演逗乐了，但现实远非喜剧。黑人男性每天都会受到我们所有人的大量冒犯，这一定给他们的生活带来了巨大的负担。

在本研究中，不仅白人女性对黑人男性有刻板印象，有色人种女性也是如此。深色皮肤的拉美裔女性弗朗西丝卡说："我害怕黑人和拉美裔，虽然他们是我的同胞。"非裔女性也有类似的感受。例如帕蒂，一个黑人女性讨论小组的参与者之一，用低沉的声音与该小组成员分享道：

> 这话让我感到羞愧，但当我想到罪犯时，脑海中浮现的人是我的一个兄弟。

其他人都同意帕蒂的观点。其中一位名叫皮拉尔的参与者表示，她们之所以有着相同的看法，是因为"我们都是在种族主义社会中长大的,我们都受到了媒体的影响"。

现实情况是,黑人男性在刑事司法系统的各个领域的占比都过高。根据美国审判项目组织的一项研究,1995 年,刑事司法系统关押了 827 440 名 20 岁左右的黑人男性,占该年龄段所有黑人男性人口的 32.2%(Butterfield 1995:A–18)。与某些社会认知可能相反的是,被捕的白人其实比黑人多。例如在 1993 年被捕的所有人中,7 855 287 人为白人,3 647 174 人为黑人(Bureau of Justice Statistics 1994b:388)。明尼苏达大学的法学教授、《恶意忽视:美国的种族、犯罪和惩罚》(*Malign Neglect:Race,Crime and Punishment in America*)一书的作者迈克尔·汤里(Michael Tonry)表示,自 20 世纪 70 年代以来,因谋杀、抢劫、强奸和袭击等暴力犯罪被捕者中,有约 45% 是黑人。然而,黑人入狱的可能性是白人的 7 倍。汤里(1995)确定了黑人男性在刑事司法系统中比例过高的几个原因:禁毒运动对非裔美国人的影响,倾向于惩罚黑人和其他贫穷少数族裔的法律,以及主要集中在市中心的警察活动。

26 岁的大学生科妮,向一群非裔学生生动地讲述了长岛铁路枪击案后发生的事情。她的故事体现了媒体将黑人描绘成野蛮人和动物所造成的后果。

> 你知道……我想说长岛铁路运营的一辆列车上所发生的事情……他叫什么名字来着?……科林·弗格森(Colin Ferguson)。媒体描述的形象是,他是一头野兽、一个怪物……第二天我坐了同一辆列车。你都能看到车厢里人们非常恐惧又非常奇怪地看着对方……你知道他们都在读那篇文

章；你知道他们都在谈论这件事。咖啡店里的人也都在谈论它……每个人都在谈论它。但是，这就像……种族分裂一样。在学校里，白人教授们也在咖啡店里谈论这件事。这件事在某种程度上影响到了他们。它也以不同的方式影响了我和我的黑人朋友。这很奇怪……事情发生的那天，我读了整篇文章，我想……哦，天哪！现在，每当黑人坐上一辆列车，所有的白人都会惊叫！又来了！这起犯罪确实太可怕了，是的，而且弗格森是一个黑人。但是，是媒体报道的方式让种族之间产生了隔阂。

非裔少女米莉认为，黑人男性在监狱中的比例过高，但这只是由于他们引发的恐惧。她说："如果我们看到一个白人男性，我们就会觉得没有什么可害怕的。"但是，黑人男性则会在公众和警察中引发恐惧，尤其是当他们聚在一起时。在她看来，黑人加入帮派是因为他们自己也感到恐惧，这反过来又在公众和警察中引发了更大的恐惧，使得他们更有可能被逮捕。米莉说，如果一个黑人"想抽烟，想要出去走走，那他必须小心警察和其他害怕他的人"。

作为野兽的犯罪者

在历史上，媒体和大众话语一直将犯罪者描绘成野兽或野蛮人，现在仍然如此。此外，将犯罪者描绘成非人类的形象一直是犯罪学文献中一个永恒的主题。例如自犯罪学作为一门社会科学学科诞生以来，"返祖的"犯罪者的概念一直是生物社会犯罪学理论的一部分。

"犯罪学之父"切萨雷·龙勃罗梭（Cesare Lombroso）认为，犯罪者主要分为三类：第一类是天生犯罪者，他们已经退化到了原始或较低的进化形式；第二类是精神病犯罪者，他们受到了精神疾病、酗酒、歇斯底里和癫痫等疾病的影响；第三类是有犯罪倾向的犯罪者，他们的精神或情感构成可能导致他们犯下恶性的、令人憎恶的罪行（Vold and Bernard 1986：38）。这些过时的理论已经被证明是不科学的：基于这些理论的研究结果是没有根据的，并且存在许多方法论问题。例如它们依赖的是有偏样本，比如用监狱里的犯人来代表罪犯。尽管如此，这些理论还是对犯罪学产生了深远的影响，并帮助塑造了有关犯罪、犯罪者的产生以及犯罪者所导致的恐惧的公共话语。它们把犯罪者野蛮、残忍、精神错乱的形象灌输给了我们。

1994年4月4日，新泽西州北部的《记录报》报道了发生在加拿大不列颠哥伦比亚省乔治王子市的一起事件。一位名叫马多娜·凯莉（Madonna Kelly）的女士说，安德鲁·罗斯（Andrew Rose），这名被指控在1983年涉及两名德国游客死亡的两起二级谋杀案的男子，在10月3日或4日凌晨敲响了她拖车的门。她说："他说他刚刚杀了两个人。那天是满月，他发出了像狼人一样的声音"（《目击者称嫌疑人像狼人一样嚎叫》，《记录报》，1994年4月22日，A–13）。关于狼人、吸血鬼甚至科学怪人的故事之所以能精准地激发我们的幻想，是因为它们触及了有关邪恶和犯罪的深层观念，以及它们与兽性的、无法控制的力量之间的联系。正如科妮在谈到长岛铁路枪击案的影响时所说的那样，媒体在构建"犯罪和惩罚在日常生活和流行文化中的意义"这一方面的作用不容小觑（Barak 1994a）。这种"大规模犯罪的现实"有助于构建一些理所应当的关于犯罪和犯罪者的假设（Barak 1994a：34）。犯罪者的动物化、种族化和基于阶层的形象是这些假设的重要组成部分。正如格雷格·巴拉克（Gregg Barak 1994a）所认为的那样，除了极少数的例外，工人阶层几乎已经从商业和电视节目的世界中消失了。因此，这里只有三个"媒体创造的阶层"：富人阶层、中产和犯罪者阶层。犯罪者阶层一贯表现为失控、不守纪律、缺乏基本的人性，与"我们"不同。

本研究参与者的反应也反映了这些图像。当我问她们，说到"犯罪者"这个词，她们脑海中浮现出了什么样的画面时，许多参与者进行了分享，其中包含了犯罪者作为怪物、野蛮人和史前生物的图像。用住在郊区的白人老妇人托妮的话来说：

> 对我来说，犯罪者的形象就是一个男人……一个怪物，他射杀了地铁里的所有人，然后还为自己辩解。

托妮说完之后，另一位参加该焦点小组的年长的白人女性罗丝也发表了自己的意见：

> 这是最可怕的事情……因为你知道像弗格森那样的人，他们精神错乱，吸毒的人也精神错乱……大多数罪犯都精神错乱。你无法接近他们……当他们精神失常时，他们都不知道自己在做什么。

托妮和罗丝的话里出现了几种图像。一种是犯罪者是精神失常的或错乱的。这是本研究参与者们非常一致的叙述主题。在很多时候，类似的词也被用来形容犯罪者，比如"疯子""精神错乱""发疯""杀人狂魔""混蛋""癫狂""怪异""诡异"。此外，犯罪者是失控的，你无法"触及他们"或保护自己免受他们的伤害。换句话说，你无能为力。受害者完全是无助的，任由这些"精神失常"的男人摆布——这确实是一个非常可怕的想法。此外，托妮和罗丝用的例子是一个大规模杀戮者，科林·弗格森。这一犯罪形象与现实情况形成了鲜明的对比。犯罪统计数据显示，像科林·弗格森案这样的大规模谋杀，尽管罪行可怕，但极为罕见。然而，当这些事件发生时，媒体却用大量的报道来轰炸我们。政客们也经常利用此类可怕事件引发的道德恐慌，向我们承诺，如果我们只选择他们或支持他们的政治计划，此类事件就会得到预防。

同样，有近20名受访女性提到，对她们来说，犯罪者的形象是一名连环杀手，比如杰弗里·达默。30岁的非裔女性格洛丽亚说：

> 那个怪物……他叫什么名字？那个杀死并吃掉受害者心脏的……他最近在狱中被杀了……杰弗里·达默。是不是这个名字？对我来说，他是一个犯罪者、一个畜生。

尽管杰弗里·达默是白人，弗格森是黑人，但他们有着相似的特征：用龙勃罗梭的术语来说，他们都被视为怪物、非人类或返祖的。当格洛丽亚想象一个犯罪者时，脑海中浮现的第一个形象是杰弗里·达默。两位犯罪学家，詹姆斯·A.福克斯和杰克·莱文（James A. Fox and Jack Levin 1994）并不同意将连环杀手和大规模杀戮者视为兽性怪物的观点。此外，他们对所有大规模杀戮者和连环杀手都有生理或精神问题的说法也表示了异议。在他们看来，这类型的犯罪者表现出的是反社会的人格。尤其是大规模杀戮者，往往是由于长期的挫折感或其他灾难性的损失，如突然失业，而采取了极端行动的普通人。

访谈中经常出现的一个相关主题是，犯罪是在暴跳如雷或精神错乱的时刻发生的，例如吸毒或酗酒的陌生男子在城市街道上游荡。一些访谈参与者还将犯罪者描述为与其他犯罪者混在一起或"成群结队"的人，比如居住在曼哈顿下城的年长的拉美裔女性伊莎贝尔就曾这样表示。另一位年长的拉美裔女性也表示："十几个、二十几个、三十几个人，他们总是混在一起。是的，就是一群人。"这种表述与犯罪者是动物的概念密切相关。在中央公园慢跑者被强奸和殴打后，一些报纸使用了这种种族化的、基于阶层的、与城市相关的形象，将袭击慢跑者的青少年描述为"群狼"。一些参与者提到害怕黑人和拉美裔青少年打扮成"黑帮"，成群结队地闲逛。这种对青少年"犯罪者"的描述是恐惧拼图中的又一块。

非人化的犯罪者

30岁的拉美裔女性莱达将"犯罪者"一词与"坏人"或不关心任何事情或任何人的人联系在一起。其他女性也使用了类似的表达方式，这反映了一个共同的主题，即犯罪者缺乏人性，因此是残忍的、不人道的、不道德的、邪恶的人。这些关于好与坏的过于简单化的想法最终会嵌入我们的意识和潜意识，将阶层、种族和性别的复杂织锦①编织进对犯罪的想象中。工人阶层、移民、深色皮肤的男性罪犯被视为邪恶的怪物、夜行动物,等待着无辜的受害者:通常是儿童或白人中产女性。

这些想法并不是特例。几个世纪以来,黑暗或黑暗与邪恶的关系一直是西方文明的共同主题。宗教形象尤其引人注目且影响强大。比如路西法是一个黑皮肤的男性,他是邪恶力量的化身。上帝主要表现为一个善良的白人男性形象,他是仁爱的化身。这些表征对我们生活的影响是巨大的。我在一个天主教家庭长大,我记得作为一个非常虔诚的女孩,我是如何描述好和坏的。例如忏悔和接受圣餐(在字面意义上)能够从我的灵魂中彻底洗去所有的罪恶,这些罪恶在我年轻的头脑中被表现为黑点。罪恶是黑色的,美德是白色的。这些联系不仅限于我们的宗教形象。相反,它们被拓展到了我们生活的其他许多领域。由于犯罪与道德和罪恶问题密切相关,其表征也就涉及了对恶与黑、善与白之间的深刻联想。

在犯罪学领域,与龙勃罗梭同时代的实证主义者巴伦·拉斐尔·加罗法洛(Baron Raffaelo Garofalo)在作品中表达了这类思想。加罗法洛(1914:33)试图得出关于犯罪的社会学定义,包含那些"任何文明社会都认定为犯罪并会通过惩罚来打击的行为"。他认为这些行为是"自然犯罪",因为它们违反了人类的两种基本情感:正直和怜悯。根据达尔文进化论,加罗法洛认为犯罪者是道德沦丧者,

---

① Tapestry(织锦、挂毯)原意为用彩色丝线编织出画案的厚布,经久耐用,可挂在墙上用以保温和装饰。可引申为把不同的事物组合在一起。与"熔炉"(Melting Pot)和"沙拉碗"(Salad Bowl)一样,经常用来描绘美国社会的文化图景。织锦理论被认为是一种折中状态,即通过精心的文化设计将多元文化有序地组织在一起。与熔炉理论相比,织锦理论更强调多元文化的独立性;与沙拉碗理论相比,织锦理论更强调不同文化间的互动、交织与整合。

他们缺乏无私的利他情感。他认为，社会必须通过三种方式清除这些不适应文明社会要求的人：第一，心理和道德问题异常严重，无法正常生活的人应被处以死刑；第二，"只适合游牧部落或原始部落生活"的人应被部分消灭，包括长期或终身监禁和流放到殖民地；第三，在特殊情况下犯罪但不可能再犯的人应被处以强制赔偿的惩罚。这些想法与美国公众今天所要求的措施相差不远：死刑、对罪犯判处时间更长或更严厉的刑罚，以及将犯罪的非法甚至合法移民驱逐出境。

我们所认为的犯罪原因

与其他相关研究所发现的一样，访谈参与者普遍认为犯罪的原因包括家庭破裂或缺乏家庭价值观、毒品泛滥以及宽松的刑事司法系统（Skogan 1986：170）。比如一位叫珍妮弗的参与者说道：

> 一切都要回归到家庭……你从父母那里学到了一切，从他们教给你的东西里学到的……但是，如果父母一方不在身边，因为……他们离婚了，或者他们不得不整天工作，孩子们独自留在家里，你知道……他们整天看电视，跟会带来坏影响的人混在一起，可能很容易染上毒品，卷入犯罪，最终被警察盯上。这些放学后无人看管的孩子，也是问题的一个重要方面。这些可怜的孩子回家后，甚至都没有人给他们烧一顿热饭。

珍妮弗的话里包含了几个重要的主题。第一个是保守派理论家特别青睐的普遍假设，即离异家庭的孩子比完整家庭的孩子更有可能成为犯罪者。所幸关于家庭结构与犯罪行为之间关系的研究质疑了这种联系。他们得出的结论是，家庭不和是比家庭结构更重要的行为决定因素（Rosen and Nelson 1982：126—135）。

第二，珍妮弗指出，如果父母都工作，那他们的孩子就有成为犯罪者的危险。当然，根据传统的角色分配，父亲应该工作，而母亲应该待在家里。因此，确保孩子不会"整天看电视"、不成为"无人看管的孩子"、不"吸毒"和不"卷入犯罪"大概是母亲的责任，而不是父亲的责任。正如我之前提到的，许多女性的生活中都存在这样的恐惧，即如果孩子出了什么事，那就是母亲的错，这限制了女性工作、教育和娱乐的机会。

一些受访者提到，毒瘾是驱使人们偷窃或杀人从而购买毒品的主要因素。其他人则提到毒品对个人心理的影响，使人们"精神错乱"或失控。一位年长的白人女性维多利亚提到，吸毒的人"不和我们相处。这就是他们犯罪的原因。如果有什么事情让我害怕，那就是不和我们在一起的人，而这些人在吸食强效可卡因"。维多利亚选择将强效可卡因作为与犯罪关系最密切的毒品并非偶然。粉末可卡因是一种昂贵的毒品，而强效可卡因则是一种廉价的结晶体，是城市中心贫民区的首选毒品。瘾君子通常是黑人或拉美裔、贫穷、年轻、城市男性的代名词（Goode and Ben-Yehuda 1994：211—19）。

受访者的另一个常见回答是指责提前释放罪犯的刑事司法系统、如同"乡村俱乐部"一般的监狱、仗着未成年人身份逍遥法外的暴力青少年，以及对暴力犯罪过短的刑期。接受本研究访谈的女性分享了各种故事，包括女性被男性惯犯杀害的故事，这些男性曾被判入狱，但像威利·霍顿（Willie Horton）[①]一样被假释。罗萨里奥和布兰卡是两位 20 多岁的拉美裔女性，她们说：

> 还记得那个在中央公园遛狗时被杀的女人吗？……她是被一个蹲过监狱，并且应该一直蹲监狱的男人杀死的。但是……他们放他出来了……所以他杀了这个可怜的女人。我想他很快就会再次出狱的。
>
> 是的，那是真的。我知道我家附近还有一个女人被一个蹲过监狱的男人杀害的案例。但是，正如他们所说，他依然逍遥法外。他只蹲了 5 年监狱。

关于犯罪控制的保守意识形态在政治舞台上以纽特·金里奇（Newt Gingrich）、鲍勃·多尔和其他共和党领袖为代表，在学术界以政治学家詹姆斯·Q.威尔逊（James Q.Wilson）为代表。这一保守意识形态已经作为一个毋庸置疑的事实融入了日常话语。这些人主张限制缓刑和假释的使用，对包括毒品交易在内的各种罪行判处死刑，并判处更长、更严厉的监禁。本研究的许多访谈参与者也持有同样的态度，她们的发言反映了共和党关于犯罪控制的政治议程。

尽管监狱被普遍认为具有威慑作用，但现实是，监狱并不是控制犯罪的有效手段。在《权力、意识形态和禁毒战争：没有什么比失败更成功》（*Power, Ideology and the War on Drugs: Nothing Succeeds*

[①] 威利·霍顿（Willie Horton）于 1974 年因犯抢劫与谋杀被判处终身监禁，在马萨诸塞州监狱服刑。因为马萨诸塞州监狱的周末休假计划，霍顿得以短暂外出，但其并未按时返回监狱，并继续犯下抢劫、强奸和谋杀罪，直至再次被捕。

Like Failure 1992：173）中，克里斯蒂娜·约翰斯（Christina Johns）以一种相当讽刺的方式阐释了"建设更多监狱将阻止犯罪"这一论点背后的扭曲逻辑：

> 监狱建设和继续禁毒战争背后的逻辑似乎是这样的：监狱是失败的，所以更多的监狱将是成功的；惩罚是失败的，所以更多的惩罚将是成功的；刑事定罪和执行一直是失败的，因此更多的刑事定罪和执行将是成功的。

一些访谈参与者提到大众媒体所描述的暴力行为是犯罪的原因之一，这与保守派目前青睐的另一个公众议题是一致的。贝拉是一位居住在纽约市郊区的非裔老年女性，她说：

> 很多时候，犯罪是由电视节目引起的。电视节目导致了很多犯罪。因为电视节目甚至会向你展示他们是如何撬开门锁的……他们是如何犯下这些罪行的……电视节目真的会引发很多犯罪。

焦点小组中的其他女性也表示同意。埃玛说："孩子们看了太多暴力节目，所以这对他们来说就变得很正常。"同一焦点小组的另一位参与者是65岁的非裔女性西尔维娅，她提到拥有枪支是人们犯罪的原因之一。她说："以前，男孩们只是用拳头打架。"但"今天他们拿着枪互相射击。枪支和电视是一个糟糕的组合。"她总结道。

参与者叙述的另一个基本主题是，犯罪的根源在于个人。大多数关于犯罪原因的解释都侧重于袭击和暴力的内部原因或个人原因，而忽视了父权制、阶层主义和种族主义权力结构不断产生的社会性、系统性暴力，尤其是经济和政治制度中隐含的暴力。这种制度允许富人变得更富有，使得越来越多的人失业。每天都会发生暴力行为，这些行为往往被视为"私人纠纷"，这是数百万美国家庭的缩影。

在访谈参与者的描述中，白领犯罪、公司犯罪、环境犯罪或政府犯罪的罪犯是隐而不见的。同样，犯下"街头罪行"的中产或上层社会的罪犯也被完全排除在外，只有辛普森例外，几位白人参与者提到了他。只有一名参与者谈到了有组织犯罪，并以相当积极的态度描述了这一问题。与电影经常对掠夺性罪犯进行非人化处理相比，在《教父》(*The Godfather*)等电影中，有组织犯罪人物被人性化了，甚至被美化了。同样，像阿尔·卡彭（Al Capone）和"福星"卢西亚诺（Luciano）这样的有组织犯罪人物也被一种神话般的光环包围，这种光环将他们转变为类似英雄的人物。我们被教导要钦佩他们，因为他们的智慧、他们巨大的财富，以及他们的"价值观"，比如对家庭和社区的热爱。一位年长的白人女性雷吉娜说：

> 几年前，黑手党甚至会一直监视着我们。今天，这些罪犯来自各行各业。我不再信任任何人。

这种形象与街头罪犯的形象之间的反差是显而易见的。黑手党监视着我们——这个近乎神话般的掠夺性人物徘徊在废弃的建筑和空荡荡的街道上，等待着下一个受害者。

所有这些图像都将男性描绘成主要的掠夺者。一名学生告诉我："我当然害怕男人。"另一名年轻女性则在焦点小组中说："一个男人可以轻易地制服你，但我打得过其他女性。"然而，最近，一些女性也成了犯罪新闻的主角。"恶魔母亲"苏珊·史密斯被 4 名访谈参与者当作罪犯的典型例子。加比是参加焦点小组的拉美裔青少年之一，她与其他参与者分享道："如果把我和她留在这个房间里，我会杀了她的。她是个恶魔。"媒体越来越多地利用"邪恶女人"的形象，尽管其程度不如男性（Faith 1993：257）。但同样，苏珊·史密斯的主要形象是一个被虐待的女人，她失去了控制，却没有自杀，而是在最后一刻冲动地跳下了车。

在媒体能够用来报道犯罪事实和罪犯复杂故事的所有可能的角度中，只有少数几个受到了媒体青睐。例如媒体没有将苏珊·史密斯描述为一个既要兼顾工作又要照顾孩子的离异母亲，而是选择将她描述为一个执迷不悟的女人，认为自己的孩子阻碍了她与不是孩子父亲的男人的关系。史密斯在媒体心目中的形象是一个邪恶的女人，她与包括自己继父在内的几个男人有过性关系，她选择了男人而不是孩子，并犯下了母亲所能犯下的最令人发指的罪行：杀害自己的孩子。

对于那些曾经是犯罪受害者，或因害怕犯罪而不得不改变生活的人来说，将犯罪者定义为坏人、野兽和怪物的可能性更大。将犯罪者视为非人化的怪物、邪恶力量、动物等的文化表征的问题在于，他们将犯罪解释为一种个体化的私人行为，免除了社会因素的所有责任，但正是这些社会因素对某些人群施加了特殊的限制。这些社会因素包括不平等的种族和阶层关系、白人沙文主义和厌女。其次，他们只对街头犯罪者进行非人化处理，而对待其他有时犯下更为恶劣罪行的犯罪者，他们却没有进行非人化处理。例如那些参与白领犯罪、公司犯罪和国家犯罪的人从未被研究参与者视为"坏人""怪物"等。就好像精英阶层的犯罪行为可以得到宽恕，而下层或"危险阶层"的犯罪行为只能被谴责。然而，当权者犯下的某些罪行会对大部分人产生巨大的后果，比如在有污染或不健康的环境中工作，会导致疾病，甚至死亡；以及储蓄和贷款"丑闻"（资产阶级罪行的代号）造成的经济损失。最后，大多数罪犯并不是"永远的"罪犯。许多人还是工人、父亲、兄弟、丈夫、男朋友或儿子。对大多数人来说，犯罪活动是更加错综复杂的生活的一个方面。当我们将犯罪者认定为"永久"的怪物，邪恶的怪物、野兽时，就把犯罪所涉及的复杂因素简单化和淡化了。由于人们主要从道德层面看待犯罪，因此会引起一种情绪反应，而不是对问题进行公正的审查和冷静的分析。尽管刑事司法机构受到了许多批评，但犯罪的"答案"仍然是更多的监禁、更严厉的判决，甚至死刑。犯罪恐惧与日俱增，促使建立一个庞大的官僚机构，旨在阻止刻板印象中的暴力侵害者。这些不断扩大的官僚机构可能会让一些人好受一点，但它们在控制和威慑犯罪方面的效果争议很大。

作为偶发事件的犯罪行为

犯罪者的形象暗示着陌生人最有可能伤害我们，但是这些形象没有反映出暴力犯罪的现实，即在暴力犯罪中，大多数受害者都认识施暴者。除了极少数例外，女性并没有把丈夫、男朋友、恋人或熟人描绘成可能的掠夺者。只有少数曾遭受家庭暴力的女性表示，典型的犯罪者是虐待伴侣的人。遭受过严重配偶虐待的拉美裔受害者露西娅对我说："犯罪者就在我们家里。"她用激动的声音补充道：

> 他们喜欢称他们为打老婆的人……但对我来说，他们是最恶劣的犯罪者……打老婆与犯罪者的含义就不一样了，但他们就是犯罪者……一旦你遇到这种情况，天哪，你就会意识到这是多么可怕的罪行。这不是家庭问题；远不止于此……这是真正的犯罪。尽管社会没有看到它，并喜欢称之为家庭暴力，但我称之为最严重的罪行和最恶劣的犯罪者。

拉美裔青少年梅塞德丝是一名9个月大的婴儿的母亲，她也曾遭到过男友的虐待。和露西娅一样，她把男友描绘成一个犯罪者：

> 我担心他会带走我的儿子。他真的很坏……他是个罪犯……他真的能把孩子从我身边带走。我妈妈告诉我，他可能会伤害我……我去警局申请了保护令，但他们不给我任何保护。他们什么也没做，毫无作为。我带着淤青去了那里，他们什么也没做……这个男人真的很危险……但他们什么也没做。

然而，大多数女性把犯罪者描述成陌生人。因此，犯罪者和非犯罪者在本质上是不同的，可能在精神上也不同，因为他们是"坏的"，而我们是"好的"。这是大众描述犯罪者的一个重要方面，因为它限制了我们对犯罪者的任何同情。我们对犯罪者的唯一兴趣就是"把他们关起来",这样"我们"就可以远离"他们"。正如一位访谈参与者所提到的,这种态度也让我们相信:

> 犯罪者有太多的权利了。为什么他们会和我们有同样的权利?我们没有做错任何事,但他们做了。他们尝试冒险,他们应该失去权利。

这个令人耳熟的论点的逻辑是:如果犯罪者是亡命之徒、野兽般的陌生人,为什么他们要拥有与我们相同的权利或特权?然而,在某些情况下,当人们自己或家庭成员卷入犯罪、被捕并被送进监狱时,他们的观念会发生改变。19岁的中下层白人学生朱利恩,在我们的谈话中这样告诉我:

> 我过去和大多数人想的一样……你知道的,所有这些想法……诸如犯罪者真的是坏人,问题是在于我们对犯罪太宽容了这样的想法。直到我哥哥被捕的那天。法官甚至没有考虑到这是他的第一次犯罪。我去看望他。他在纽约州北部的新新监狱。那是一次令人震惊的经历。我和妈妈一起去的,我们甚至都触摸不到他。他因为吸毒入狱。不要误解我的意思,我并不是说他所做的是正确的。但他很年轻,很天真。你听起来可能觉得奇怪……但我很了解他,他是一个很棒的人。(朱利恩眼里噙满了泪水)他总是对我很好。他一直是我最好的朋友。我不敢相信他在监狱里。我非常担心他会被强奸或被杀掉。我妈妈

真的很沮丧。你能想象吗，她儿子在监狱里。这次经历真的让我改变了想法。他们真的对他们很不好。

访谈参与者提到的犯罪大多数是掠夺性的、极端暴力的、随意攻击的。然而，这类在大众媒体以及政治和公共话语中占据主导地位的犯罪，反而是最不可能发生的犯罪。虽然这种情况罕见，但恐怖故事的扭曲使我们，尤其是女性，特别害怕陌生人所犯下的令人发指的极端暴力罪行。桑德拉是一名来自中产家庭的白人初中生，她与焦点小组分享了最令她恐惧的故事：

> 我最害怕的是被人随意带走，然后在森林或沟渠中发现我的尸体，我的家人说："我以为她只是去了商店，但她再也没有回来。"你知道……这真的很可怕。我的意思是，一想到我走在任何地方，都会被某个疯子抓住、杀死，然后就这样结束生命。而且，很多时候他们在杀死你之前还会强奸和折磨你……这是最糟糕的。

当我问桑德拉："你认为这样的事件发生在你身上的可能性有多大？"她回答道："我真的不知道，但对我来说它很真实。"（她特别强调了这一点）

1993年逮捕人数的统计表明，在因为重罪（联邦调查局认为最严重的犯罪）被捕的 2 848 400 人中，因暴力犯罪被捕的人不到 30%。这意味着 70% 的犯罪不是暴力犯罪，而是侵犯财产罪（Bureau of Justice Statistics 1995a：374）。正如雷·苏雷特（Ray Surette）所指出的："主导公众意识和政策辩论的犯罪不是常见的犯罪，而是最罕见的犯罪。"（1994：131）尽管暴力受害的情况很少见，但通过报纸、电视剧、电影，以及非常重要的晚间新闻，掠夺成性的陌生人始终存在于我们的家庭和生活中。所有这些来源都在构建这些"媒体偶像"的过程中发挥作用（Surette 1994），从而重构了我们自己的"犯罪现实"。正如桑德拉在她的故事中所暗示的那样：重要的是对我来说真实的东西，也就是说，我所重构的现实。

晚间新闻对现实的重构尤为重要。拉美裔青少年埃尔芭告诉我："如果它出现在新闻中，那应该是真的。"广告商深刻理解"新闻"和"真相"之间的这种联系。我最近遇到的一位女士，她的工作就是向广告商出售电视节目中的一段时间。在我们的非正式谈话中，她提到广告商更喜欢在新闻节目上投放广告，因为这听起来更有说服力。同样，关于犯罪的每日新闻也有一种真实感：许多访谈参与者在讲述跟犯罪有关的故事之前或之后都使用了"我在新闻中看到的"这种表述，似乎表明她们讨论的不是幻想或故事，而是可靠的或真实的信息，因为这些信息是在新闻中出现的。

政客们也利用"媒体偶像"和恐怖故事——陌生人犯下的离奇罪行——来恐吓公众，从而获得我们的支持，因为我们假设他们会通过终身监禁罪犯来保护我们，或者更有效的方法是，把罪犯们送上电椅或毒气室。这个问题的关键是，这种重构的现实成了一个无可争议的真理，一种"人人皆知"的断言，塑造了我们的恐惧和深深的焦虑，塑造了日常生活的公共话语，并影响了涉及数百万人生活的政治决策。

第六章

应对恐惧

我在电视上看到他们对那个女人做了什么之后……在中央公园被强奸的那个……慢跑者……如果你不保护自己……不幸的是,我会决定开枪打死他们,让他们再也站不起来。所以,我总是拿着枪外出。

——简,29 岁的白人教师,住在曼哈顿上东区

整个刑事司法系统都失败了。你和我正在为缺乏人身安全付出代价,因为罪犯不再害怕这个系统。我上夜班,回家很晚。所以,我必须保护自己……没有其他人会保护我……我带着梅斯胡椒防狼喷雾。我不会冒险。

——希瑟,32 岁的非裔护士,住在纽约布鲁克林区

去年我过生日时,我的男朋友胡安送了我一个寻呼机。我喜欢它,因为现在他和我妈妈都可以随时联系到我,这让我……也让他们感到更安全。我想要一部移动电话,但是太贵了。

——卡梅拉,21 岁的拉美裔学生,住在纽约皇后区

女性对犯罪恐惧的反应各不相同：有些人把自己锁在公寓、房子或疗养院的无形或有形的墙壁之内，这极大地限制了她们的生活。其他人则制订保护程序，让自己能够继续生活，而不必花费太多时间或精力担心受到犯罪的侵害。还有一些人的回应是"不要让恐惧控制我的生活"，或者携带梅斯胡椒防狼喷雾或胡椒喷雾等防身用具，甚至是刀、剪刀或枪等武器。本章关注以下这些问题：参与者通常如何应对成为犯罪受害者的可能性？她们的反应是否受年龄、种族和经济社会背景的影响？女性最常用什么保护程序来管理她们的恐惧？这些程序是否强化了性别关系？女性是否感到受到刑事司法系统机构，特别是警察的保护？

女性以各种方式回应她们对受害的恐惧。她们的一些反应看起来可能是默许的、顺从的，甚至是被动的：把自己锁在家里，避免某些街道和活动，不参加公民或宗教活动。其他人的行动可能看起来更自信、更有力量，表明了女性决心继续自己的生活，不让恐惧支配自己的行为。一些应对策略似乎强化了受保护者/保护者或弱者/强者的性别模式，而另一些策略可能会挑战这种模式。一些策略体现了女性的足智多谋，以及对限制生活的社会环境的严重不满。而另一些策略则体现了大多数女性不得不花费大量的精力、时间和经济资源来保护自己免受犯罪侵害，并尽量减少恐惧，比如打车，买梅斯胡椒防狼喷雾，购买警报器、锁、球杆或其他装备，使用付费停车场，走在那些让她们感到安全的街道上。尽管男性也必须采取一些预防措施，但研究表明，女性采取的回避策略更多一些（Stanko 1990：14）。

米歇尔·德·塞托（Michel de Certeau）提到"步行行为对城市系统的影响，就像言语对语言的影响一样"（1984：97）。塞托说，步行穿过一座城市有几个作用：（1）个人占用某些街道或场所，类似于说话者占用语言；（2）个体行动者在空间上的表演，类似言语变成了语言的表演；（3）在那个特定的空间里，在那个特定的场所和城市的其他地区，不同的行动者之间建立了关系，就像演讲建立了演讲者和对话者之间的关系一样（de Certeau 1984：97—8）。选择某些街道而不是其他街道的过程强化了这样一种假设，即应该避免去某些地方，而其他地方应该被视为"有吸引力的"。在市中心，"吸引人"的地方通常是那些拥有美丽或迷人商店的地方——这些商店出售我们大多数人买不起的衣服和商品，当然还有那些拥有中产或上层住宅和整洁草坪的地方。当个人穿过这些地方而不是其他地方时，他们通过自己的存在，使这个地方更安全，从而免受犯罪的侵扰，并加强了城市空间中的阶层等级制度。通过避免去某些地方，人们坚定了这样一种信念，即贫困社区是危险的，是应该避免去的。

这项研究中的许多参与者，特别是住在纽约市和周边行政区的参与者，都清楚地展示了她们在城市中行走时绘制的个人地图。"我从不走（街道名称）"，或"我不去（某个社区的名称）"是常见的表达方式。而她们通常避免去的地方是以黑人和拉美裔为主的社会下层地区。

在讨论她们的不同策略时，一些女性起初表示，她们没有做太多保护自己的事情，因为"我真的不害怕"，而在接下来的聊天中，她们则分享了应对生活中恐惧的不同方式。在焦点小组中，一些参与者向小组其他成员指出了这些相互矛盾的说法。但在这些矛盾的陈述中，显而易见的是犯罪恐惧的情感本质。我所说的情绪化并不是像其他学者所说的那样，犯罪恐惧是不合理或不切实际的。相反，犯罪恐惧是许多女性及其亲属对每天在家里、工作场所或街头遇到的威胁和犯罪事件的反应。但是，这些反应是情绪化的，因为犯罪恐惧包含了许多符号、表征和代码，它们超越了犯罪现实本身，体现在身份不明的陌生人的形象中，以及被绑架和被杀害的女性的恐怖故事中。

尽管少数女性，尤其是老年女性，承认自己几乎就像囚犯一样将自己的生活限制在家中，但大多数女性会以一种不那么局限的方式来处理自己的恐惧。大多数女性都有自己的保护程序，并经常使用不止一种应对策略来应对她们的恐惧。一些女性将这些程序描述为"所有人都做的正常事情"。在许多场合，社会下层和少数族裔女性都表现出了沮丧，因为生活处境迫使她们从事会面临危险的活动。有些人必须上夜班，别无选择，而且只能在深夜乘坐公共交通工具。如果给她们选择，她们中的许多人会很乐意上白班或使用私家车。本研究的其他参与者也对不得不上夜校表示失望。然而，她们必须养活自己和孩子，并支付自己的教育费用，所以她们必须做全职工作。一些参与者也表示："如果可以的话，我想从这个社区搬到一个更好的地区，但我负担不起。"因此，所有参与者使用的许多保护程序和回避策略明显受经济社会条件的约束和影响。

女性的应对策略也受到身体限制的影响。老年人和有残疾或健康状况不佳的女性提到,与身体健康的人相比,她们更经常避免去拥挤的地方、搭乘公共交通和参加夜间活动。一位 43 岁的非洲裔盲人女性特丽分享了这样一段经历:

> 我需要有人带我出去。虽然我可以自己出去,但我害怕有人抢劫,这吓死我了。你应该听过很多关于盲人被推下轨道或被推下楼梯的故事……毫无理由的……所以我从不冒险。

对于犯罪恐惧,最常见的回应方式包括自我隔离、强化目标[①]、改变个人外表、寻找保护人、忽视恐惧、保护孩子、携带保护性装备以及反击。女性通常使用或已经使用了不止一种这样的策略。她们中的一些人对"不得不这样生活"表示愤怒和沮丧。只有少数参与者表示,受害恐惧对她们生活的限制侵犯了她们使用公共空间或在社会中获得平等待遇的权利。例如,22 岁的拉美裔学生卡门说,她的犯罪恐惧,以及为避免成为受害者而必须采取的预防措施"是社会强加给女性的,提醒我们哪些该做、哪些不该做。男性不必采取同样的预防措施"。在卡门说话的时候,她的声音反映了她对自己的生命受到限制所感到的愤怒。尽管只有极少数女性提到犯罪恐惧对性别等级制度合法化的影响,但一些女性公开批评了这种恐惧所造成的社会氛围以及这种恐惧给女性带来的特殊负担。她们的一些叙述不仅反映了这些恐惧约束她们行为的方式,还反映了这种情况确实是不公平的、不公正的,甚至是歧视性的。

---

① 强化目标(target hardening)是防范犯罪的自我保护策略之一,指通过强化物理和人工屏障(报警器、锁、栅栏等)来提高犯罪的难度。

自我隔离

研究表明，女性和老年人尤其可能因为害怕受到刑事犯罪的伤害而限制自己的活动（Clemente and Kleiman 1977; Gordon and Riger 1991; Riger and Gordon 1981;Riger et al. 1978; Skogan 1987）。在本研究中，大多数女性，无论她们的年龄、种族和经济社会背景如何，都有使用隔离策略，如待在家里和避免去某些地方，但某些策略特别受到了某些女性群体的青睐。例如与年轻女性相比，老年女性更经常避免走出家门。尤其是在拉美裔老年女性中，几乎完全避免上街是一种常见的策略。在与这些女性所在的焦点小组的讨论中，比特丽斯、洛拉和玛戈，带着一定程度的悲伤讨论了她们的策略：

> 是的，我年纪大了，不像以前那样行动敏捷了。我知道，这种恐惧让我无法享受退休生活。去年我被抢劫了……现在我更多是待在家里，几乎一直待在家里。虽然非常孤独……但感谢上帝，我有肥皂剧和祈祷陪伴我。
>
> 我过去常去教堂，但现在我甚至不去做弥撒了，因为我害怕走在这个社区的街道上。即使在圣诞节期间……我过去常常去参加午夜弥撒……我很喜欢的。但在这里，他们不得不把圣诞节前夕的午夜弥撒改为晚上8点，因为人们害怕那么晚出门……你知道，生活不一样了。
>
> 自从我兑现社保支票后被抢劫，我就不再自己出门了。我只在必要的时候出去，一个月最多两次。

美国人均预期寿命的提高也延长了他们的退休生活。因此，数百万退休美国人的生活质量对于社会研究来说是一个非常重要的问题。正如这三名拉美裔女性所表达的：犯罪恐惧显然影响了老年人的生活质量，加剧了她们的隔离感和孤独感。事实上，女性的寿命比男性长，因此，我们必须理解犯罪恐惧是如何限制老年女性行为的。另一位拉美裔老年女性法蒂玛也告诉我，她只去那些她必须去的地方，而不去她想去的地方：她从不散步或出门，除非她"有东西要买或有特别的事情要做"。她说："我过去常去看电影，但我再也不去了，因为我害怕被抢劫。你知道，我年纪大了，如果有人抢劫我，我可能会受伤。""你想多出去走走吗？"我问法蒂玛。"当然，"她强调，"但我不能。我害怕被抢劫。"

尽管参与本研究的拉美裔老年女性经常受到恐惧的约束，但也有一些例外。其中一位是 75 岁的拉美裔女性布兰卡，我在曼哈顿下东区的一家老年中心采访了她，她对我说：

> 我丈夫在世的时候，我哪儿也不会去，除非和他一起。我不得不等到他回家才出门。他需要购买所有的东西。我哪儿也没去过。他也不允许我一个人出去。他以为他是在保护我。他脾气不好……我结婚 37 年了，感觉自己像个囚犯。不骗你，我可以告诉你，我几个月不出门。什么也不做。我一直在家里听音乐、读书、编织或做一些小事情。我丈夫八年前去世了，他去世一周后我决定走上街。我要离开那个房子，甚至不做饭……我花钱去餐馆吃饭。然后我去了公园，即使在冬天，我也会在公园里，坐在长椅上。我以前谁也不认识。现在大家都

认识我了。我不再害怕了……只要我想,我就一直待在公园里。直到1点、2点、3点、4点,然后到凌晨5点,我才会回到公寓。如果电梯还没开始工作,我就走楼梯。我住在9楼……因为我想……好吧,我现在必须过我的生活,我必须保护自己。你明白吗?

布兰卡告诉了我几件事,以及她学会保护自己的不同方法。她的故事特别吸引人,她讲述了一位老年女性在施暴的丈夫去世后变得独立的故事。只是她不得不一直等到丈夫去世,她才能从她生活了37年的牢笼中解脱出来。布兰卡和我分享了她的看法,即她的丈夫"让她变得软弱"。"当他活着的时候,我总是很害怕。现在我不害怕了。"她总结道。

居住在郊区的老年白人女性,她们所面临的限制性情况比其他老年女性少,因为她们有私家车,可以开车去某些"安全"的地方,不那么容易受到伤害。尽管如此,其中一人也说道:"我只在白天出去。"另外两人,罗丝和诺尔玛,进行了以下对话:

如果我想去散步,我只去商场。那是我唯一能逛的地方。那里有很多安全措施……我什么都不带,只带车钥匙。

我曾经是一个特别喜欢户外的人……我喜欢大自然,我过去常去树林里散步。但我现在不可能做那样的事了……另外,我的孩子们也会觉得我疯了。为什么要让他们担心呢?

一些老年女性在决定住在哪里时,会受到犯罪恐惧的强烈影响。

伊丽莎白是一位75岁的工人阶层的犹太女性，她说她以前一个人住。她自己对成为受害者的恐惧和家人的担忧导致她搬进了一家疗养院，她说："为了更安全。尽管我真的很喜欢独居。"

本研究的许多参与者表示，他们会避免去城市的某些区域。这些区域并不总是犯罪率高的区域，甚至不是那些被认为危险的区域，而是那些她们不熟悉的区域。例如，一些住在曼哈顿公共住房的女性表示，她们永远不会去布鲁克林，而一些住在布鲁克林的女性则表示，她们会避免去曼哈顿。有一位女性，居住在布鲁克林一个经常被认为不安全的区域，她强调说："曼哈顿太危险了。"这些发现与马克·瓦尔（1990）的研究一致，该研究指出了犯罪恐惧与未知之间的关系。瓦尔分析了在达拉斯进行的一项邮寄问卷调查的数据后发现，与熟悉的地方相比，人们更容易对陌生的环境产生犯罪受害恐惧。

其他女性则避免晚上外出或参加夜间活动，例如一些女性通过限制自己的休闲活动来应对恐惧。一群拉美裔青少年说，她们不再跳舞了，因为她们感到害怕。一些青少年表示，因为犯罪恐惧，她们不参加体育活动和课外活动。"我喜欢打篮球，"其中一人说，"但我不能去，因为练习是在晚上，那时候就没有车回家了。"

研究表明，女性对休闲活动的控制不仅仅是个人享受和满足的问题，它也是"社会关系的一个组成部分"（Green et al. 1991：78）。不仅是对身体、心理和精神健康，休闲对社会网络的形成也是必要的，而社会网络是个人社交和职业发展的基础。在休闲活动中发展起来的社交活动——运动、晚餐、聚会和其他娱乐形式——是教育和职业机会等信息的重要来源。对于那些社交网络比较狭窄的人来说，这些联系是有限的。因此，女性参与休闲活动的比率越低，对她们生活的影响就越深远。研究表明，这种活动在一定程度上受到男性对家庭经济资源控制的限制（Green et al. 1991：78）。少部分研究人员关注到了犯罪恐惧对休闲活动的控制，以及这种控制对数百万女性的生活质量和发展机会的影响。一些研究表明，女性参与家庭以外活动的比例低于男子（Green et al. 1991：77）。事实上，正如本研究中的一些受访者所表明的那样，导致女性参与休闲活动的比率较低的一个因素是，她们自己或家人对犯罪受害的恐惧。

其他形式的自我隔离包括快步行走和"把所有人都拒之门外"。"我只是走路，不看任何人的眼睛。如果有人试图和我说话，我就忽略他。"这种态度在纽约等大城市的人们中很常见，许多女性将其作为一种保护手段。考虑到许多女性在街头面临的性骚扰，这种反应是可以理解的，但它也会产生一些有害的后果。例如它严重限制了个人互动，导致人们之间的社会团结减少。一些女性表示，她们因为害怕受害而拒绝帮助需要援助的人。一位年长的白人女性说："如果有人向我问路，我会直接走开。如果你想帮忙，你会冒很大的风险。"伊迪丝是一位年长的拉美裔女性，她用了一句有趣的话总结：无论谁假装救世主，都会被钉死在十字架上。伊迪丝的话意味着，试图通过帮助他人来做好事的人，最终都很容易受到伤害。而这种态度肯定会导致个人愤世嫉俗、缺乏合作和社会团结的减少。

几位接受访谈的女性，尤其是那些住在纽约市的女性，提到她们"走路时带着态度"，这样人们就不会"惹我"。一位 27 岁的非裔女性说：

> 经常有陌生人，甚至我的朋友想知道为什么我总是带着一

种强硬的态度。那是因为，我觉得如果我表现得"强硬"，就像一个男人应该表现得那样，那么伤害就不会降临到我身上。

同样，白人中产女性约瑟芬说，她保护自己的方式是：

> 基本上，我隔绝了所有人。我在街上走得很快，不直视任何人的眼睛，但我知道周围的环境，我只是有自己的态度。

女性自我隔离的另一个后果是，减少了对非正式社会控制机制的使用。一些女性表示，她们本可以成功阻止越轨或犯罪事件，但她们却避免尝试这样做。通过这种方式，犯罪恐惧降低了未犯罪的人或正常人对他人的非正式社会控制，从而助长了犯罪。守法的公民可能因为害怕而不敢介入有潜在威胁的情况。乔伊丝是一位 30 出头的白人中产女性，她回忆道：

> 有一天，当我回家的时候，我看到一个年轻人试图从别人的车里偷收音机……当我看到他试图进入汽车时，我尽量不再朝他看……我不想让他看到我在看，因为如果他被捕，他可能会认为是我告诉了警察。我害怕在自己的社区成为受害者，所以我没有去阻止罪犯。

《纽约时报》1995 年 2 月的一篇文章报道称："由于害怕暴力，大多数人忽视了公共场所的不良行为和轻微犯罪。"在该报道采访的 100 人中，大多数人表示，他们在面对社会不文明事件时保持了沉默。尽管人们会质疑自己的公民责任感、他们给孩子们树立的榜样，甚至他们自己的勇气，但大多数接受采访的人都表示，他们之所以不干预，是因为他们害怕犯罪。甚至一些接受采访的警察也表示，执法"应该留给专业人员"（Stewart 1995：1，10）。

这篇文章没有提到街头性骚扰是女性在街头面临的最常见的"不礼貌行为"之一。但当骚扰者猥亵女性时，很少有人会站出来阻止，至少部分原因是担心自己成为性骚扰的受害者。一位接受采访的女性说："我只是想，为什么没有人对他说点什么或做点什么？"她被一个骚扰者跟踪了好几个街区，那人还对她大喊脏话。"但没有人做任何事。没有人真的在乎。每个人都只在乎自己。"她用不满的声音总结道。

强化目标

"强化目标"意味着使个人的财产"免于被侵犯"，或者至少使犯罪者更难偷走它（Clarke 1983）。它包括保护房屋、公司和车辆，以及保护钱包、金钱和珠宝等个人物品。根据全国犯罪受害调查，人们采取各种措施来让家更安全，比如安装警报器、防护栏和贴警告标志，养狗，在贵重物品上刻识别号码，以及参与邻里守望计划（Whitaker 1986）。本研究的大多数参与者表示，她们会锁上家里的门窗——其中一人说"即使在夏天"，她也会这么干。其他人则是购买特殊的锁、报警器和计时器，并在门窗上安装护栏，试图建立她们自己的安全舱。女性采取其他措施来营造一种有人在家"保护"

她们的印象。在与一群住在郊区的白人青少年的讨论中，她们进行了以下交流：

> 当我一个人的时候，我会打开收音机，假装家里有很多人。或者电视。
> 我会自言自语。
> 前几天我一个人在家，有人打电话来找我妈妈。我说……她在浴室里。我不可能告诉他们我一个人在家。（大家都笑了）

一位年近五十、独自住在纽约市附近郊区的白人中产职业女性说，她的答录机上记录的信息给人的印象是，房子里住着不止一个人。信息是"对不起，我们现在不能接电话"。

尽管从来没有人问过谁负责家里安全的问题，但几名女性都不问自答地表示，将房子进行目标强化的策略是由家里的男性实施的。例如20岁的拉美裔女性约兰达说："我父亲总是锁上门，检查窗户。"同样，14岁的白人青少年康妮说："父亲在我卧室的门上安装了一把锁，当没有人在家时，我就可以把自己锁在房间里。"甚至一些成年女性也表示自己有类似的行为。住在郊区的30岁白人中产女性戴安娜说：

> 是的，我丈夫就是那个操心安装锁和警报器的人。每天晚上，他到处锁门窗……甚至连汽车……我甚至没有想过……真搞笑！……他每天晚上都出去，确保我的车锁上了……所以，我不用担心。我知道他会这么做的。

尽管一些现代家庭被认为是在更平等的基础上建立的，但在家庭生活的许多领域，等级制度仍然在加强。芭芭拉·厄莱雷奇和迪尔德丽·英格利希指出，在"旧秩序"中，传统的维多利亚式父权制在不同的组织和信仰层面得到了加强（1978：7）。家是建立和加强父权制的最重要的地方之一：它是一座男人的城堡。因此，他必须确保它是安全的。许多女性在成长过程中都留下了这样一个印象，即她们的父亲会确保家庭的安全。

那些拥有私家车的女性会使用球棒、报警器和便携式收音机。本研究中会自己开车的一些参与者说，她们总是检查后座，以确保没有人在那里。35岁的白人中产女性吉娜说："自从我看了一部电影……电影里一个女人被绑架，而那个男人躲在车后座……所以我总是检查。我在停车场特别小心——任何人都可以走到那里，躲进你的车里。"

本研究的参与者所分享的最常见的强化目标策略包括隐藏或不戴珠宝，用一些不易被偷走的方式拿钱包，把钱藏在鞋里或内裤里，以及不携带现金或任何有价值的财产。例如，23岁的非裔女性安杰拉说，她过去戴黄金首饰，但在被抢劫后，她现在只戴银首饰或假珠宝。一些女性也说，她们会把钱包放得比较隐秘，比如放在有翻盖和拉链的包里。弗朗西丝是一位70多岁的白人中产女性，她与焦点小组的成员分享道：

> 当我买新钱包时，犯罪总是在我脑海中浮现。我试着买那些带长带子的，这样我就可以把钱包挂在胸前。这样当有人试图打开它时我就能很容易看到……就像在拥挤的地方。这让我

觉得至少我有一些掌控感……我特别喜欢那些有翻盖的包，因为如果有人试图从你的包里掏你的钱包时，他们会很难打开它。

其他女性表示，在冬天，她们把钱包放在外套下面，这样就不那么显眼了。其中一位参与者说："我买了一件超大的外套，这样我的钱包就可以放在里面了。"其他女性则不带手提包，只带可以存放钱、信用卡和身份证的腰带。一些学生说，尽管她们平时背书包，但她们会把钱都放在口袋里。

女性的一些强化目标的策略对某些人来说尤其令人反感。例如一名非裔青少年说：

你知道，一些白人女性非常害怕黑人，当她们看到黑人或拉美裔从她们身边经过时，她们会紧紧地抓着自己的包。

"你说的是黑人，还是拉美裔男性或者女性？"我问道。

男女都有。我遇到过一些女人，当她们看到我走近她们时，她们会穿过街道到另外一边。这让我真的想做点什么，然后她们就真的可以说："看，所有的黑人都是一样的。"无论你做什么，都没法改变他们的想法。那么，为什么要去改变呢？

29岁的苏吉·奈特（Suge Knight）是一家唱片公司的首席执行官，这个公司以匪帮说唱音乐为主，他们合作的艺人包括史努比·狗狗和德瑞博士[1]等等，他在《纽约时报》杂志1996年1月14日发表的一篇采访中说道：

> 善待我，我也会善待你。我支持你。只要你和我一条心，我百分之一百二十地支持你。但如果你惹了我或我的人，你就有麻烦了。如果我愿意的话，我可以吓得你魂飞魄散。

或者说，黑人男性知道他们会吓到很多人。

尽管黑人男性无疑是许多人最害怕的人，但他们并不是当今社会中唯一令人生畏的群体。以下是在曼哈顿与一群拉美裔青少年的对话，这反映了一些中产或上层社会的白人女性对拉美裔的态度：

> 你知道，有时候非常有趣。当这些有钱的女人开车在这个地区转来转去，或者迷路，或者……不知道回她们社区的路，或者其他什么时……她们看起来很害怕。
>
> 是的，你可以看到她们开着大轿车，奔驰或者……看着你，好像她们在动物园里一样。
>
> 前几天，我看到一个穿着貂皮大衣、戴着珠宝的富婆开着辆豪车……我不知道那是什么车……我想她下了高速公路，发现自己就在这个街区……或者什么……我只是在等红绿灯……她一看到我和我的女性朋友，就把窗户摇了起来……那

---

[1] 史努比·狗狗（Snoop Dogg），世界级的嘻哈巨星，有"美国殿堂级说唱天王""西海岸饶舌教父""嘻哈教父"等称号。德瑞博士（Dr. Dre），说唱歌手、音乐制作人、演员、商人，嘻哈界的元老级人物，被认为是西海岸黑帮说唱的创始人和领军者。

个贱人……你知道我的意思吗？我很穷，但我是一个正派的人……这让我他妈的很生气……她以为自己是谁？

显然，强化目标的策略是受阶层、种族和性别因素影响的。由于女性携带钱包和手提包以及佩戴珠宝更为常见，她们更有可能成为钱包或项链抢夺等犯罪行为的受害者。因此，照顾自己成了女性的个人责任。潜在的假设是，如果她因暴露了自己的珠宝或钱包而被盗，都是她不够小心的错。

此外，尽管所有女性都表示，她们感觉受到了黑人和拉美裔男性的威胁，但其中一些女性在面对非裔和拉美裔工人阶层的青少年女性时也有类似的感受。"这些女孩中有些比男人更坏。她们很危险。"上了年纪的白人中产女性帕梅拉这样说。32岁的白人中产女性丽贝卡也说："有些女性变得像男人……有时甚至更糟。"

在过去几年中，媒体报道将十几岁的黑人和拉美裔女性也描绘成了暴力罪犯和帮派成员。公众的看法是，她们变得越来越暴力，身体越来越强壮，越来越"像男人"。根据美国司法部司法统计局的数据，1980年至1990年间，被监禁的女性人数增加了三倍（Bureau of Justice Statistics 1991）。1991年，61.4%被监禁在国家机构的女性和64.5%被监禁在联邦监狱的女性是少数族裔成员（American Correctional Association 1992）。因此，有人可能会说，对黑人女性和拉美裔女性的恐惧在某种程度上是合理的。然而，仔细梳理统计数据会发现，女性监禁人数的增加并不是因为暴力犯罪被捕人数的增加，而是因为商店行窃、伪造支票、福利欺诈和药物滥用相关犯罪（如醉酒驾驶）等非暴力犯罪的增加（Chesney-Lind 1995）。科拉梅·里奇·曼（Coramae Richey Mann）对加利福尼亚州、佛罗里达州和纽约州有色人种女性的逮捕数据进行了研究（这些州的监狱加起来共关押了美国30%以上的女性囚犯），他发现，非裔女性最常见的被捕原因是毒品犯罪和卖淫，而不是暴力或财产犯罪（1995）。拉美裔女性最常见的被捕原因也是扰乱公共秩序，其中毒品犯罪最为常见。因此，少数族裔女性并没有变得更加暴力，相反，她们受到了20世纪90年代的法律和秩序政策的不成比例的影响，包括强制性量刑法和针对毒品犯罪的"严厉打击犯罪"政策（Chesney-Lind 1995）。

伪装策略

犯罪恐惧也会影响女性的穿着方式，因为她们害怕在街上被抢劫、性侵害或骚扰。急于出售昂贵连衣裙的时装设计师们正在利用女性的恐惧，推出了"在一个日益危险的世界里穿着舒适的衣服和防弹衣"。根据1995年4月8日《纽约时报》的一篇文章，唐娜·卡兰（Donna Karan）在其最新的一场时装秀中以保护身体作为主题，包括"男士风格套装、绗缝夹克、全天穿着的外套、覆盖身体的多层织物、连衣裙和夹克"。文章称，大多数美国的时装秀的理念是"女性需要在身体和情感上都能感到安全"。这些设计青睐"制服款式，这种套装多年来备受日本人、华尔街从业者喜爱，现在那些谨慎应对不受欢迎的关注的女性也开始注意到这类款式了"（Spindler 1995：31）。由于大多数女性显然买不起唐娜·卡兰的连衣裙，因此，她们正在设计自己的盔甲，以保护自己免受可能的侵犯行为的伤害。

许多接受访谈的女性与我分享了她们改变外表的多种方式。总的来说,中产阶层的白人、黑人、拉美裔成年女性以及白人青少年比非裔或拉美裔青少年女性更有可能改变自己的外表。23 岁的白人中产女性约瑟芬回忆道:

> 我在一家售卖华贵衣服的商店里工作。所以,我上班的时候必须穿得很漂亮。但是,在我下班之前,我会换衣服。我把珠宝首饰藏在手提包里,穿上破烂的牛仔裤和运动鞋,把头发梳起来,戴上帽子,这样我就不会引起别人的注意……我不敢穿着漂亮衣服坐地铁、公共汽车……甚至出租车。

22 岁的拉美裔女性玛西娅与小组成员分享了一个故事,讲述了一位非常害怕被强奸的朋友所采取的相当激烈的措施:

> 我的朋友真的很害怕被强奸。她认为,如果她同时穿了几件内衣,强奸犯会更难对她做什么。所以,她自己动手做了些特别的内裤,每次同时穿两三条。

据玛西娅说,她的朋友觉得穿上这几层内衣会让她有时间大喊大叫,或者让强奸犯放过她。她的策略表明,她认为强奸在她的生活中随时都可能发生。

一些接受访谈的拉美裔中产成年女性也表示,为了"避免麻烦",她们改变了着装方式。31 岁的拉美裔女性利蒂西娅说,她不穿短裙,也不化妆,以避免引起别人的注意。

> 如果我穿裤子，我会穿宽松的，这样我屁股的形状就不会太明显。即使在夏天，天气很热，我也会穿一件夹克，这样我的胸部就不会露出来。你必须小心翼翼。

塞西莉亚是一名白人少女，她说她必须穿宽松的牛仔裤、宽松的上衣和超大的运动衫，"就像说唱歌手一样"，因为她想避免被骚扰。"我不能做我自己"，因为如果她穿着不同，那么"我会很显眼，我会受到骚扰。所以我穿不显眼的衣服"。喜欢在纽约市街头滑旱冰的24岁白人女性皮尔说，她晚上感觉很安全，因为她戴着一顶能把头发包起来的帽子，穿着黑色裤子和一件深色夹克，所以没人知道她是女人还是男人。

因此，为了保护自己免受犯罪的侵害，女性经常觉得她们必须保护或遮掩自己的身体，甚至让自己变得男性化。在父权制系统中，女性的身体成了男性欲望和幻想的对象。这种观点在电影、广告、电视节目、杂志甚至日常新闻中被媒体周期性地强化。这一不断被强化的荒诞说法是，当男人看到一个令人向往的女人时，他们无法抗拒自己的冲动。对许多女性来说，与这个荒诞说法相对应的是，如果男性愿意，他们就可以去触碰女性的身体。它变成了一种商品，一种可耻或危险的东西，因此，它需要被伪装起来。也因此，女性有责任通过保守着装和隐藏女性特征的方式来保护自己。"我穿的衣服不会暴露我的身体。"这是许多女性使用的一个常见表达，尤其是白人女性和一些拉美裔中产女性。她们中的许多人详细解释了必须穿什么类型的服装来遮掩自己的身体，比如特大号夹克、宽松的裤子和超大的外套。

卡罗尔·布鲁克斯·加德纳（Carol Brooks Gardner 1995：25）指出，"对于身处公共场合的女性来说，预防犯罪并不意味着避免银行抢劫犯或扒手；对女性来说，预防犯罪本质上是通过抑制个人吸引力来避免自己成为男性犯罪的目标"。正如一些女权主义研究人员所发现的，女性的身体一直被定义为男性的财产，因此很容易受到男性的攻击（Radford 1991；Radford and Russell 1992）。因此，许多女性发现，保护自己不成为受害者的一种方法是将自己的身体埋在超大的或男性化的衣服盔甲下。因此，她们的座右铭变成了："好女孩不会暴露自己的身体，她们穿着得体。"

而那些不遵守着装规范的女性则被妖魔化了。事实上，在与一群拉美裔青少年的讨论中，其中两名参与者玛丽埃塔和卡米尔就她们认为女性应该如何着装进行了讨论：

> 我想怎么穿就怎么穿。这不是任何人应该关心的。我甚至戴着我的黄金首饰。我喜欢大耳环和金链子。
> 我们应该能够随心所欲地穿衣服……那不关任何人的事……如果他们认为我们看起来太性感，那是他们的问题，而不是我的问题。
> 为什么男人可以随心所欲地穿衣服，而女人却不能？……我是为我自己，而不是为别人。

然而，其中一名参与者梅赛德丝向小组成员分享了她自己的受害经历是如何让她改变了主意的：

> 你们不知道自己在说什么……我曾经像你们一样认为……我想穿什么就穿什么,没有人惹我……这是我过去的想法……直到我被持枪抢劫了……那家伙用枪指着我的头……我以为他会在那里开枪打死我……你知道吗?我说天啦……别杀我……他拿走了我所有的金首饰……现在我不会再冒险。我不再戴金首饰了。

在与一群工人阶层的非裔青少年的讨论中,她们中的一些人说,无论她们穿什么,都会因为自己受到伤害而被指责:

> 我想说的是,无论我做什么,他们都会说:"哦,看看她怎么了,因为她的裙子太短了,这就是那个女孩被强奸的原因。"你知道,我们没有伤害任何人……如果我想怎么穿就怎么穿,或者四点钟出门,那就意味着我是个妓女了?也许我是从我的女性朋友聚会或其他哪里出来……你知道我在说什么吧?
> 所以,你真的无能为力,因为无论你穿什么,他们都会责怪你。
> 是的,你知道,黑人女性总是变得更糟糕。
> 还有黑人男性。

这些工人阶层的黑人和拉美裔青少年的态度反映了一种观点,即无论她们的行为或穿着如何,她们都会因自己的受害而被指责——那么,"为什么自找麻烦呢"?有色人种女性,尤其是非裔女性的形象,一直是"关于种族、阶层和性别的意识形态的焦点,这套意识形态精心雕琢、拥趸无数，却又备受争议"（Mullings 1994）。这种意识形态的一个重要组成部分是黑人和拉美裔女性的过度性化和荷尔蒙驱动的形象，自奴隶时代以来，这种意识形态一直在纵容对有色人种女性的强奸。即使在今天，如果媒体报道有色人种女性被强奸的事件，也总是被认为是"可疑的"。如今，这些往往是歧视性的概念，尤其是针对黑人和拉美裔青少年的，鼓励了保守主义的政策和运动，比如迫使十几岁的未成年母亲住在原生家庭里，不然就中断给她们的福利，而这忽略了这样一个事实，即许多未成年母亲的原生家庭本身就充满了暴力（Males 1994）。由于这些青少年了解以白人为主的社会对她们的看法，以及她们在改变这些看法时面临的困难，因此许多人选择了"按照我想要的方式行事"。非裔和拉美裔青少年是滥交和不负责任的依赖福利的母亲，给社会和福利制度带来负担。以上这些议题转移了人们对社会和经济因素的关注，而正是这些社会和经济因素严重限制了有色人种贫困青少年，特别是未成年母亲及其子女的机会，例如有限的受教育机会、负担不起的儿童保育费用，以及稀少的工作培训机会。

寻找保护人

根据风险受害理论，"在同等条件下，罪犯更喜欢攻击防护较少的目标，而不是防护较好的目标。因此，保护得越好，刑事受害的风险就越小"（Cohen et al. 1981）。所以，女性更喜欢通过寻找监护人或保护人来应对犯罪受害恐惧。事实上，许多接受访谈的女性都表示，只有在他人的陪伴下,她们才会感到安全。例如一些白人和拉美裔青少年说,除非她们是一群人,否则她们不会外出。白人青少年乔迪说:

> 我们总是一起出去……我们十几二十个人……你知道,去商场,或者滑冰。如果没有其他人,我就待在家里。太可怕了……没有朋友一起出去也很无聊。

住在新泽西州郊区的拉美裔青少年尤金妮娅说,她和她的朋友们不会去夜店,除非有二三十个人一起。用她自己的话来说,就是:

> 我不敢自己去。即使我们去参加聚会,我们也会二三十人一起,或者在聚会上见面。只有当我所有的朋友都去的时候,我才会去参加聚会……我害怕那些我不认识的人……朋友当中会开车的人能送我们回家。如果没有,我就给妈妈打电话……妈妈,你能来接我吗?(假装在打电话)

尽管少数访谈参与者表示,同伴是男性还是女性并不重要,但大多数人还是认为,与男性在一起会让她们感到更安全。在与小组其他成员讨论后,尤金妮娅总结道:

> 我宁愿一群人里有几个男孩……和男孩在一起,你会觉得他们在那里是为了保护你。就像他们会阻止某些事情发生一样。

本研究的参与者提到的最常见的保护人是那些被认为"安全"

的男性，如丈夫、父亲、男朋友和兄弟（Stanko 1993：132）。例如19岁的拉美裔学生梅特纳说：

> 让我感到受到保护主要是因为我的男朋友。他是一个身高一米八七的黑人男性，肌肉发达。我觉得因为他是黑人，所以没有人会惹他，当我和他在一起时，也没有人会惹我。

尽管许多女性表示她们害怕黑人男性，但一些访谈参与者，包括涉及跨种族关系的白人和拉美裔女性提到，在黑人丈夫、男朋友、父亲或兄弟的陪伴下，她们感觉受到了保护。梅特纳很清楚，和男朋友在一起可以保护她，因为"没有人会惹"一个高个子黑人。然而，她总结道："我很担心他。既然他这么高大，人们就不会和他打架。他们只会开枪打死他。"

同样，白人女性也提到，有男朋友陪伴，她们会感到更安全。26岁的白人女性约瑟法说：

> 当我的男朋友拉斯和我在一起时，我有这种安全感。就像什么都不会发生一样……嗯……我可能感觉到的是一种虚假的安全感，因为如果有人有枪，拉斯也没法保护我。我不喜欢这种感觉，因为这让我感到依赖。你总是依赖别人，这很令人沮丧，因为我一直以独立为荣……

有些女性觉得她们需要有人陪伴，即使她们去洗手间也是如此。两名15岁的白人高中生阿德里安娜和格洛丽亚评论道：

我害怕一个人去学校的卫生间。我总是让一个朋友和我一起去,在我上厕所的时候她可以等我。

我也是。听说几个女孩在卫生间里遭到了猥亵……一些男孩在她们上厕所时走进去看着她们……我还听说有一个女孩在学校的厕所里被强奸了。

一些访谈参与者也表示自己必须依靠某人来提供保护。19 岁的拉美裔学生马琳说:"我哥哥会在地铁站等我。"24 岁的非裔学生奥德丽也说:"我得打电话给我爸爸,让他来接我。"她们两人都对自己的处境表示不满。根据马琳的说法,"不得不依赖某人是一种拖累"。(用声音表达她的不满)法比亚是一名 15 岁的白人女性,她解释说,她的母亲是一名护士,每天清早回家,所以都是她的祖父去接母亲。"你的祖父多大了?"我问道。她回答说:"80 岁。"这种特殊的情况就是一个例子,说明无论年龄大小,男人总是被视为保护者。

当女性没有"保镖"在现场保护她们时,有些人就会胡作非为。我的一个学生,22 岁的白人女性娜塔莎告诉我,她的一个朋友从家到学校通勤需要一个多小时,因此她那个朋友会在副驾驶座上放一个充气的乳胶男性模型。娜塔莎总结道:"人们认为她和一个男人在一起,就不会招惹她了。""她以前会遇到很多麻烦。但现在她的'充气朋友'已经阻止他们了。"她笑着总结道。

其他人则寻求精神保护。一些女性提到,她们会为了感到受到保护而祈祷。一位 40 多岁的拉美裔女性与小组成员分享说,她总是随身携带《圣经》。她解释道:"所以,我不必与任何人进行眼神交流……我总是读《圣经》或祈祷，尤其是在地铁里。"

即使在家里，当有男性陪伴时，女性也会感觉受到了保护。弗洛伦丝是一名来自中产家庭的 23 岁的白人学生，她在一次深度访谈时告诉我：

> 我曾经和 4 个女人住在一起，我们总是害怕有人闯入我们的房子。现在，我们让一位男性朋友搬了进来。我们都觉得和他在一起更安全。

除了极少数例外，拉美裔和非裔工人阶层的青少年比其他群体更有可能表示，当她们独自一人时，她们可以更好地保护自己。像"我知道如何照顾自己，我不需要男人来保护我"这样的话在黑人和拉美裔青少年中比在任何其他女性群体中都更常见。一名拉美裔青少年梅沙提到，当她独自一人时，她实际上感觉更安全，因为"我可以跑得更快。如果我和其他人在一起，我就必须担心他们"。18 岁的非裔青少年辛西娅也说了类似的话：

> 一个男人怎么能保护你？他们只是希望女性这么去想……哦，是的，当然……嘿，宝贝，我会照顾你……事实是，如果有人有枪……他们怎么能保护你？有时他们是第一个跑的……（大笑）

受到过伴侣虐待的女性也否认自己受到了男性的保护。露西娅是一名 25 岁的女性，她的丈夫目前因虐待她而入狱。她分享了自己的经历：

> 和别人在一起肯定会让我感到更安全、不孤独……但我觉得和我的妈妈、姐姐在一起更安全……尤其是和我姐姐，因为我们很亲密。我的朋友桑迪……我希望我能和她一起出去，我会感到安全……但一旦他出狱，我就不会感到安全……我觉得和一个男人在一起并不安全。他可能会虐待你。

尽管大多数女性表示，有男性陪伴会感到更安全，但也有一些例外。一些遭受过伴侣虐待的黑人和拉美裔青少年和成年女性表示，与男性的陪伴相比，独自一人或与女性朋友或亲戚在一起感觉更安全。这些女性与其他女性的区别在于，她们知道自己的安全不掌握在男性手中，因为她们经历或目睹了那些本应"安全"的男性的暴力行为。

忽视或否认恐惧

在本研究的所有女性参与者中，青少年女性更有可能表示说，她们无视恐惧，继续自己的生活。在一个由来自工人阶层的拉美裔青少年组成的讨论小组中，我问她们："你如何处理你自己的恐惧？你对它们有何反应？"其中4个人，罗莎、丹妮拉、凯茜和梅塞德丝进行了以下对话：

我会压抑恐惧。因为我也无能为力。

我唯一能做的就是抛开它们。

我从不去想它们。

我们应该认识到这种恐惧是生活的一部分……好吧,我会处理恐惧。因为如果你对它感到恐惧,你将一无所获。你得接受生活在贫民区的事实,这不是一个好地方……美国在曼哈顿为我们建造了这个贫民区……让我们在这里长大,然后在这里搞砸一切。每个城市都有像我们这样的穷人的贫民区……他们带来了毒品……然后他们说……哦,那个街区有犯罪活动……他们知道……我处理恐惧的方式是,我知道他们想把我们留在这里……所以我会尽快离开,带上我的家人……然后继续我的生活。

梅塞德丝的叙述尤其引人注目,因为那表明她相信生活在贫民区不是她自己的错。她明白自己在那里是有原因的:她是一个贫穷的波多黎各女性。她相信"他们知道"那里有毒品和犯罪,但"他们想把我们留在这里"。"他们是谁?"我问她。"有权力的人。你知道的,你是一个教授:政府,有钱人。"她凝视着我总结道。

白人青少年也表示,她们会忽视自己的恐惧:

我只是不去想它。你不能让它影响到你。事情会发生,好的或坏的,日复一日。

如果你去……嗯,我不认为我今天去上班的话我可能会中枪……如果你只是不出去,你可能会错过一些好东西。

一些受教育程度较高的成年白人女性还表示,即使她们在街上受到骚扰、抢劫、自行车被盗和入室盗窃,她们也不会让恐惧控制自己。"你必须继续工作和生活。不然呢?"其中一人总结道,声音中带着听天由命的腔调。

一些不同种族的成年女性受访者解释说,她们会忽视性骚扰者。伊芙是一位年近 30 的中产女性,她说:"如果你忽视他们……这是你最好的反抗方式……我只是看看别的地方,然后继续往前走。"只有少数女性提到,她们不同意这种策略,因为她们认为教男性如何对待女性是她们的责任。这些研究参与者倾向于从政治角度看待女性和男性在社会中的作用。一位 40 岁出头的非裔女性强调道:"他们必须学会尊重女性。"最后,一些女性还提到,她们会试图通过感谢骚扰者来让他们难堪。一位 20 岁出头的工人阶层的白人女性说,当她对骚扰者报以微笑和感谢时,"他们会感到震惊,因为他们没想到你对他们表现得很好。他们想吓唬你,而你却向他们表明他们没做到"。

保护孩子

许多美国儿童生活在一个享有特权的世界里,而其他贫穷国家的儿童对这样的生活毫无认知。一些儿童已经可以使用最先进的技术——互联网、万维网、电子游戏以及其他许多形式的体育和娱乐。而另外一些儿童看到的是,自己的生活受到自己或父母的犯罪恐惧的严重限制。居住在贫困住房单元的孩子们被教导如何跳进浴缸以躲避流弹，而中上层社会的孩子则被教导如何在陌生人靠近他们时尖叫。然而，事实上，1991年，在近3600万5至14岁的儿童中，只有519人被谋杀（Adler 1994）。1993年，13岁及以下儿童的谋杀率为十万分之二点一，而14至17岁的青少年的谋杀率为十万分之十二点一，18至25岁的青少年和青年的谋杀率为十万分之二十四点二，25岁及以上的人的谋杀率为十万分之九点一（Bureau of Justice Statistics 1994b：339）。并且，许多儿童谋杀案的罪犯都是父母或监护人。

尽管如此，根据一项由《新闻周刊》与儿童保护基金会合作的民意调查，超过一半的受访儿童和73%的受访成年人表示，他们害怕针对他们或家庭成员的暴力犯罪（Adler 1994）。这种恐惧转化为父母的具体行为：在商场里，孩子们被严加看管，婴儿车上也安装了报警器。孩子们被告诫不要与陌生人交谈，他们中的大部分人还被教导如何声嘶力竭地尖叫（Adler 1994）。

一些接受访谈的白人和拉美裔青少年尤其感到不安，因为她们的父母对她们的许多活动施加了限制。在新泽西州郊区与白人青少年进行的焦点小组讨论中，康妮、琳恩、乔迪和玛丽莲进行了以下对话：

不允许我晚上走出家门，也不允许坐公共汽车。
真正让我生气的是，我哥哥想出去就出去。但因为我是个女的……这不公平。
我想多到城里走走。但因为这座城市的名声，我的父母不让我去，就好像……你会被杀，你会被枪杀，有人会强奸你。
我父母认为那里有很多流浪汉。他们可真有意思。

我不被允许做很多事情，不过我的兄弟可以。我可以做一些事情，但如果我晚上需要开车回家，我就不会被允许出去，因为我妈妈要工作或诸如此类的事情。我也不被允许独自一个人走路回家。

接受访谈的几位母亲表示，她们不会让孩子独自走出家门。她们中的一些人采取了非常具体的预防措施。27岁的黑人女性蒂娜说："我有孩子们的指纹。"同样，几位白人妇女讨论了她们如何应对孩子可能成为犯罪受害者的恐惧：

你一定要让你的孩子感到害怕……你得吓唬他们……你几乎必须这么做……因为一个信任别人的孩子会受到伤害。

如果你认为……对一个孩子做这件事太可怕了……但这是必要的。

但是，我认为这是母亲们必须做的事情……中产家庭的孩子不再安全了。私立学校的孩子也是。他们甚至在公共汽车上互相踢脸。

最后这名参与者的表达反映了许多中产家庭的担忧，即他们的阶层地位不再是防止犯罪的保障。尽管人们普遍担心这一点，但现实是，大多数犯罪受害者仍然是穷人和少数族裔。社会经济优势依然是防止犯罪的保障。媒体对随机暴力事件的描述，就好像它们很常见一样，这强化了这样一种观念，即我们都有同样的受害机会。这种"犯罪民主化"只是围绕犯罪的无数主题中的又一种假象。

携带保护性装备

　　本研究中的几名女性受访者表示，她们携带武器或利器是为了保护自己和让自己感到更安全。她们提到的装备从蜂鸣器到梅斯胡椒枪或胡椒喷雾，从剪刀到枪支。21 岁的卡梅拉是一名工人阶层的拉美裔学生，她的叙述在本章开头时就被提到，她说，她的男朋友送给她一个寻呼机作为生日礼物，让她、他自己和她的母亲感到更安全。另一名学生保莉特也是 20 岁出头的白人女性，她说，当"我告诉他我要去纽约上学"时，她的父亲给她买了梅斯胡椒枪。在这两种情况下，以及研究中提到的其他情况下，一些女性解释说，是男人为她们买了梅斯胡椒枪、胡椒喷雾或蜂鸣器。由于男人可能不会一直在那里保护"他们的女人"，所以他们会为女儿、妻子、姐妹和女朋友提供其他东西来保护她们，这强化了男人=保护者/女人=被保护者的概念。在许多方面，装备提供的安全感也成了父亲、兄弟、丈夫或男朋友保护的延伸。

　　一些女性表示，她们会使用锋利的工具，如剪刀、钥匙，甚至戒指。卡门是一名 16 岁的拉美裔高中生，住在曼哈顿上西区，她看起来很害羞。当她开始说话时，她就像另一个人，尤其是当她向我展示她右手上戴的两个大大的尖锐戒指时。

　　　　这所高中没有足够的保安……我差点被一个老师强奸，他强奸了另一个学生，还进了监狱。如果他再靠近我，我就可以一拳揍在他的脸上，打在眼睛上，把他弄瞎。（把手指指向前额，在眼睛之间）有一次，我差点被他抓住。但我已经为下一次他或其他家伙想要来抓我的时候做好准备了。

本研究的几位参与者说,她们把某些钝物放在家里方便取用的地方。一名拉美裔学生说,她在房间里放了一把砍刀。同样,曾遭到伴侣虐待的非裔青少年凯瑟琳说,她在房间里放了一根棒球棍,"以防那个混蛋回来"。

一群拉美裔青少年就携带保护性装备的话题进行了一场引人入胜的对话。几乎在访谈快要结束时,在建立了良好的关系后,她们开始讨论保护自己的方式:

> 我通常随身携带一些东西。
> 防身工具什么的。
> 我也随身携带防身工具……比如钥匙串或其他锋利的东西来保护自己。
> 得了吧!说真话。
> 好吧,我带了一把刀。
> 她还带着一把小枪。

"你认为你会用到它吗?"我问道。

> 是的。如果我被抢了,只需要一枪……砰!就这样。
> 我不带枪,但我会带一些锋利的东西,比如指甲锉。

一群非裔青少年也进行了类似的对话:

有了枪，我感觉受到了更多的保护；那是我感到受到保护的时候……没有男人在保护我……他们假装保护你，结果却揍了你一顿。

你知道吗？这很有趣……我告诉你……我和我的女性朋友，之前无论我们去哪里，我们都必须随身携带一切……一把枪、一把刀或什么的……但这会让你更加害怕。你知道为什么吗？因为如果有人和你捣乱，你别无选择，只能用那把枪，或者让他们伤害你……如果你是一个乐观的人，你就不想用那把枪……所以，你就完蛋了，因为你有枪，但你不想用它。

当你有枪的时候，你就有一种态度……我要开枪打死他们。我不喜欢那样。

据说，少数白人女性也拥有枪支，比如本章开头提到的 29 岁的教师简。然而，其中有些人表示，她们的丈夫拥有枪支，"但他们把枪都留在家里"，其中一人总结道。其他白人中产女性也解释说，她们随身携带尖锐的东西，"比如一把小刀"或"一把剪刀"。另一名女性说，她随身携带哨子，"以引起注意"。

根据《时尚芭莎》(Harper's Bazaar) 上发表的一篇文章，当手枪产量从 1982 年的 260 万支下降到 1986 年的 140 万支时，枪支行业和美国全国步枪协会 (National Rifle Association) 开始瞄准潜在的女性买家。销售活动中使用了两种诉求：女权主义和母性。一些图片甚至描绘了一个拿着枪的女人正在给她的孩子盖被子。柯尔特制造公司在 1992 年 7 月的《妇女家庭杂志》(Ladies' Home Journal) 上

发表了一则广告,暗示女性要保护自己的孩子:"自我保护不仅仅是你的权利……也是你的责任。"(Horowitz 1994)

反击

　　一些家长在选择女儿就读的大学之前,会查看犯罪统计数据。来自中产家庭的女学生莉莲在纽约州北部一个小镇上大学,她说:"在我来这所大学之前,我和父母就查看了关于它们的犯罪报告。"另一名白人大学生戴安娜说:"我想去另一所大学,但它位于城市的一个糟糕的地区,我父母认为这对我来说太危险了。"

　　一些学院和大学现在提供自卫课程(McLarin 1994)。事实上,本研究的少数参与者表示,她们已经或计划参加此类课程。白人学生格温德琳说:"如果有人有枪,我可能无法保护自己,但我相信这个课程会让我更强壮。"参加自卫训练的学生提到,大多数教练都是男性。格温德琳说:"这太神奇了,自卫课是为女性开设的,但教练大多是男性。"其他学生,如拉美裔青少年卡罗也采取了类似的措施来保护自己,她说:"我通过锻炼变得越来越强壮。我每天都去健身房举重。这让我感觉更强壮、更安全。"

　　拉美裔青少年表示,她们组建帮派是为了保护自己。"我们需要彼此。"她们说。"如果没有帮派,其他女孩就会骑到我们头上。"其中一个女孩说:

我的女性朋友是我唯一信任的人。她们会为我而死。比如我的朋友诺尔玛因为我打过三次架,因为……他们会……他们会乱看我……她不喜欢他们看我的样子。我不让她在怀孕的时候打架……我就想……你不能怀着孩子打架。

我们和其他女孩打过几次架。我们真的很关心彼此。她们是我真正的家人。

参与帮派和/或肢体冲突,这类非常"男性化"的应对犯罪的方式只被黑人和拉美裔青少年提到,用以保护自己。她们觉得"除我的女性朋友之外,没有其他人了"。

以下讨论是在一群工人阶层的非裔青少年中进行的:

我有一个好故事……我妈妈之前每个周末都出去,从周五到周日,我必须照顾其他孩子,那时我10岁。我不得不照顾我10个月大的弟弟和妹妹。我都要疯了。但是,现在我觉得这对我有帮助……首先,我把钱保存在口袋里,因为我妈妈过去常常付钱给我。其次,我学会了如何做饭,如何弄头发,我变得更加独立……我还学会了如何保护我的弟弟、妹妹和我自己。我在成长过程中非常坚强和独立……现在,白人女孩可不是这样长大的。

是的,在街上长大,你得学会察言观色。你观察,你看到这个人和那个人的反应……你知道这种反应不会让你怎么样,这种反应会让你有麻烦……所以,这就像你站着,站着,你观察到发生了什么,马上就知道了。

你看,大多数白人女孩在成长过程中都会坐校车,或者妈妈开车送她们上学，她们不会在外面打架，如果她们不打架，她们就无法保护自己……你明白吗？但是黑人女孩……她们打架……你知道我在说什么吗？

我和男的也打架。如果你和一个男人打架，你必须狠狠地打他，因为你知道你其实打不过他们，所以我试着扔东西或用刀指着他……因为男人的身体比你的强壮。

白人女性有钱雇保镖或保安……我是我自己的保镖。（众人笑）

同样，一群拉美裔青少年讨论了家庭暴力背景下的肢体冲突。莉齐、埃斯特尔和胡安娜就这个问题聊得很起劲：

我认为一个在家里被打的女人……这会让她变得更强壮，所以她可以反击。

这个社会不会为你做任何事情，比如法律之类的……它不会让你摆脱困境：他们就关他一天。然后他会回来把你打得满地找牙，因为是你报的警……所以你需要知道如何反击。

如果他回来再次殴打你，你就需要用球棒或管子做好准备。

这些女人会变得更坚强，她们不会从另一个女孩身上夺走任何东西。

工人阶层的黑人和拉美裔青少年经常表达一种看法，即没有人会保护她们。因此，她们必须学会反击。她们中的大多数人都生活在持续的暴力中——在家里和街上遭遇的性暴力、身体暴力和心理暴力（Kelly 1991）。她们清楚地知道，对她们来说，没有"安全"的男人。她们很早就意识到自己有责任保护自己，不存在什么保护者。有时，她们唯一的盟友就是她们的女性朋友。她们中的许多人根据经验认为，不能指望警察。事实上，如果她们向警方寻求保护，她们很有可能会遭到怀疑、不信任和进一步的虐待。

警察保护与犯罪恐惧

美国公众不断被媒体描绘的刑事司法人员追捕罪犯的英雄形象轰炸（Barak 1994）。此外，许多研究表明，警察有助于减少犯罪恐惧（Balkin and Houlden 1983），但这些研究并没有讨论受访者的种族。本研究中提出的一个问题是，"当有警察在身边时，你会感到不那么害怕吗？"女性参与者们的回答因种族和经济社会阶层的差异而不同。除了极少数例外，白人中产女性表示，有警察在场会让她们感到更安全，而工人阶层的黑人女性和拉美裔女性则表示，有警察存在并不会让她们感到安全。相反，大多数有色人种女性感到被警察恐吓。在由波多黎各青少年组成的焦点小组的讨论中，她们进行了以下对话：

> 不可能，当警察在身边的时候，我更害怕。我想，他们现在要做什么？我害怕他们。
>
> 他们不会为你做任何事。
>
> 大多数时候，他们都到得很晚，到达事发地。他们不知道

前因后果，他们妄下结论说是你杀了那个人。

我兄弟被杀的那天……他们迟到了，迟到了半个小时。街区挤满了人……当时是下午3点钟。然后一个警察先问话，然后又来一个人问话，他们已经有怀疑的人了……那个人被捕时，我就在警车里。他们开车带我到处走，这样我就能认出他。他们这样其实是把我和我的家人置于危险之中……然后，在殡仪馆里，杀害我兄弟的人向我母亲和我开枪……他们关了他一段时间。但现在杀我兄弟的人已经出来了。如果我兄弟是白人，那就不会发生，不可能……如果我是白人，他们就不会把我置于危险之中。警察说他罪有应得，因为他是个坏人。我知道那是因为他是个该死的波多黎各人。

"如果警察是波多黎各人，你会有什么感觉？"我问道。

他们是一样的，或者更糟。他们必须向其他人证明他们很强硬。

有一次我父亲开车，我们在高速公路上被拦了下来……毫无理由……那是一个波多黎各警察和一个白人警察……他们很刻薄……我很害怕……我认为波多黎各警察必须向白人警察表明，他对其他波多黎各人很强硬。

40岁出头的多米尼加女性玛丽亚讲述了她在警察局的类似经历。当她被丈夫殴打时，警察对她的援助请求的反应让她相信，如果发生什么事情，他们是不会帮助她的。

他们需要很长时间才能出现。当我丈夫殴打我时，我报了警，当他们到达时，他都已经走了。他们等到最后一刻才做事，但为时已晚。

有色人种女性经常提到警察对拉美裔和黑人的偏见。"我们不能信任他们"，这是一个常见的回答。她们中的许多人都知道一些警察对她们认识的人施暴的故事，或者有关于警察个人的故事。一名黑人青少年说："如果他们恨我们，我们怎么能信任他们呢？"拉美裔青少年阿马娅说，警察总是试图保护自己和同事。另外，"他们只保护美国人。"她说。"如果你是拉美裔，即使你是无辜的，你也会受到指责。"另一位30多岁的拉美裔女性南希讲述了一个故事，在这个故事中，一名拉美裔年轻男子因要求警察停止骚扰他而遭到警察的虐待和殴打。"警察把他推到地板上，并用棍子殴打他，只是因为他是拉美裔。"

白人女性更有可能说，当警察在身边时，她们感到更安全。多丽丝穿着保守，是一名来自中产家庭的白人青少年，她说："是的，当警察在身边时，我感到更安全；他们保护我们。"然而，并非所有白人青少年都同意她的观点。事实上，另一位女性卡罗尔的话反映了人们从警察那里获得的反馈是有差异的。警察的反馈是基于外表的。卡罗尔是一位非传统或"离经叛道"的白人青少年，与多丽丝不同，她穿着更具"朋克"风格的衣服。"我总是被警察找麻烦。"卡罗尔戴着一个鼻环和几对耳环，把头发染成深黑色，穿着黑色皮裤和夹克。她双手的每个手指上都戴着银戒指。"女警察呢？"我问她。"我讨厌女警察，"她回答，"在华盛顿广场，我总是被其中某个警察找麻烦。"

一位工人阶层的白人女性参加了深度访谈,她是一名警察的妻子,她与我分享了她所感受到的痛苦:

> 我觉得和警察在一起并不安全。我怎么能觉得安全呢?事实上,正如你所知,我丈夫是一名警察。当施虐者是警察时,你能打电话给谁?

总之,只有成年和老年中产白人、拉美裔女性以及更"传统"的白人青少年可能会说,她们在警察面前感到安全。"当然,当警察在身边时,我会感到更安全",这是这些群体比中产或工人阶层的非裔女性、拉美裔女性更常见的反应。

女性该怎么办?

向研究参与者提出的最后一个问题是:"关于女性如何处理犯罪恐惧,你对此有什么建议?"她们的回答从明显加强现有性别区隔的传统措施到挑战现状的措施不等。毫无疑问,最常见的回答强化了传统女性的角色,证实了本书的主要论点:犯罪恐惧有助于强化美国社会的性别等级制度,并构成有关女性适当行为准则的公众共识。40岁出头的多米尼加女性玛丽亚的建议体现了一些最常见的答案:

不要穿着暴露诱惑的衣服，不要自己一个人出去，不要在晚上出去，但最重要的是要多祈祷，并请求上帝的保护。

70多岁的拉美裔女性英格丽指出，女性应该"尽可能地"避免去街头。"这不是我想怎么样的问题。考虑到外面的危险，我真的相信我别无选择。"

一些女性特别强调女性要承担起保护孩子的责任。"谁更有责任保护孩子呢？"我问32岁的白人中产女性南希：

即使我说的话会激怒其他女性（她回应道），但事实是，女性当然更有责任照顾孩子。尽管女性获得了解放，但情况一直如此，变化甚微。女性仍然比男性对孩子的安全负有更大的责任。

尽管大多数建议与女性传统角色一致，但少数回应反映了犯罪恐惧及其对女性生活影响的更政治化的态度。与这项研究特别相关的是14岁的中下层白人青少年康妮的回应，她的母亲玛丽莲是纽约市一所大学女性研究项目的学生。康妮以一种非常清晰的、雄辩的方式与我分享了她的观点：

我是一个女人，我可以做点什么，而不是（提高她的声音）好吧，我需要我的丈夫陪我走在街上！即使他们需要一整罐的梅斯。我认为城市和世界各地的女性应该做点什么……进行抗议。比如说，看看媒体，你必须展现我们更好的形象，因为我们不是懦弱的人，我们也不是一直待在家里照顾孩子的人。这并不是因为这是一件坏事，但我们要走出去，为自己的生活作出贡献。我认为女性应该抗议或抵制某些事情……尤其是如果它们把我们呈现为负面的。女孩应该接受更多的教育，比如给女孩上数学课，这样她们才能更加自信。如果她们更加自信，她们就更有可能保护自己。

在她结束了她对女性的雄辩演讲后，我问她："男性呢？他们能对犯罪恐惧做点什么吗？"对此，康妮回答道：

> 男人们不想在犯罪恐惧的问题上做太多，因为他们害怕失去权力，因为媒体和其他男人害怕失去他们拥有的权力……他们希望拥有这种权力，因为这对他们有利……所以他们不在乎女性是否受到虐待。因为如果女性因为害怕犯罪而不工作，那么他们的工作报酬就会更高。

尽管康妮的话无论如何都不能代表140名受访女性的观点，但它们很重要，因为它们表明一些女性确实理解犯罪恐惧如何有助于建立和巩固性别等级制度。毫无疑问，母亲是女性研究项目的学生，有助于提高康妮构建对性别问题的意识。

尽管建议的大多数安全策略都是针对犯罪恐惧问题的个人对策，但少数女性建议采取更多的集体性办法。这一趋势的例证是一个由拉美裔女性移民组成的焦点小组里一些成员的反应，其中一些人还没有合法身份：

解决方案不能是个人的，因为这不是一个个人问题。犯罪恐惧不是你的，也不是你的或你的问题。（指向小组里的其他女性）这是我们的问题。

但你不能总是和一群人一起出去。

不，我不是那个意思……比如在我们国家的贫民区，有贫民区会议，各个家庭可以聚在一起，我们相互了解认识。你们开始互相了解，也开始不再恐惧。现在我知道我的邻居是谁了……这让我感到更安全。

是的，在这里我甚至不认识我的邻居。

25岁的拉美裔女性露西娅是为数不多的几位公开表示自己是家庭暴力受害者的女性之一，她说：

我建议那些遭受家庭暴力的女性，尤其是拉美裔女性，如果你有家庭的话，最好勇敢对抗你的恐惧。你要放弃你所拥有的一切，无论是公寓、家具，无论是什么……一所漂亮的房子，你把这些都放下，因为你可以去一个你觉得安全的地方。放下这些，经历这个过程……直面你的恐惧。这是一大步，因为你会向他们表明……我不会接受这些……这是面对恐惧的唯一方法。女性应该为自己争取负担得起的住房，这样她们才能重新得到安置……她们应该有优先权……不是每个人，而是那些符合条件并遭遇过家庭暴力的人应该获得优先考虑。

其他女性建议采取与传统观点不一致的应对策略。其中包括一群工人阶层的拉美裔青少年的建议：

我真的认为女人应该随身携带武器。

女人可以干翻别人……一个女人或一个男人……武器让我们处于跟他们对等的地位。

"如果他们也有武器呢？"我问道。

你可以击打别人，让他们放下武器，就这样。这会让男人发疯……天哪……她要刺我……愚蠢的贱人……你知道我在说什么。

（集体大笑）

带着梅斯胡椒枪，要随时准备使用。

小心警察。

别担心警察……如果发生什么事，警察会是最后一个到的。

（更多来自小组成员的笑声）

简而言之，研究参与者建议的措施是两个极端。一端是强化传统性别角色取向的策略：她们接受这样一种观点，即女性在家里比在街上更安全，女性的主要角色是保护儿童，有"安全"的男性可以保护他们。大多数建议答案属于这一传统类别。另一端是包含了对犯罪恐惧采取更"积极"的态度，并挑战有关女性行为的传统规范的策略。这些策略包括参与肢体冲突，以及完全拒绝女性有适当行为准则的观点。

第七章

总结：直面恐惧

一个没有恐惧的世界那简直太棒了……你知道你不会失去你爱的人……或者你只会因为自然原因而失去他们……比如癌症……这是可以理解的。但是，当你时刻为了你的母亲可能被枪杀而感到害怕时怎么可能还感到快乐呢？我担心我妹妹会出车祸，因为我父亲喝醉了也开车……如果没有对犯罪、暴力、毒品和酒精的恐惧，我想我会很快乐的。是的，如果不害怕犯罪，世界就会很美丽。

我想去哪里就去哪里……我会经常去派对。（大笑）

大家可以安心地去上高中，而不担心被捅刀。

和我一样，我总是害怕被捅刀。

我会睡在公园里，看着星星。

——拉美裔青少年焦点小组，纽约市

写作本书的主要目的之一是鼓励读者在面对犯罪恐惧时更加批判性地考察自己的观点和行为。我无法教给女性应该如何处理她们的恐惧或保护自己免受犯罪侵害。最终，每个女性都必须自己决定如何处理自己的恐惧。但是，个人决策并不是在社会和政治真空中做出的。它们受到了关于犯罪、罪犯和受害者的主流意识形态的强烈影响，这些意识形态在一定社会背景和社会制度中持续再生产了支配和从属关系。

我们的日常行为和恐惧支持或挑战了那些作为毋庸置疑的事实呈现给我们的关于犯罪的假设（Hall et al. 1978：140），其中包括一种简单化的假设，即女性是软弱无能的，需要保护，而男性是强大有力的，因此是女性的"天然"保护者。生活在这些图像中，我们混淆了想象与现实，创造了一个大多数人按照想象生活的社会。我们如何想象犯罪（Young 1996）是由匿名的陌生人、疯子、"长相怪异"的深色皮肤男子等形象塑造的，他们在城市的黑暗小巷里、在床下或壁橱里等待着无辜的受害者。这些图像说服女性限制自己的行为，并"做好女人"，从而避免被抢劫、性骚扰、强奸或杀害。

塑造女性的犯罪恐惧并影响她们面对这种恐惧的方式的诸多图像都是犯罪主流意识形态的一部分。这些意识形态不仅是由犯罪事件的故事、对话和媒体呈现构建的，而且还是由对罪犯和受害者的刻板印象构建的。这些图像如此可怕，以至于它们为女性制定了严格的行为准则。隐含的信息是，不遵守这一准则的女性将自己暴露在"不必要"的风险中；如果她们成了受害者，那就是因为她们违反了流行文化中根深蒂固的严格规定，而"每个人都知道这些事情"。例如每个人都知道，女性应该穿着保守，晚上不应该上街，应该避免去"错误"的地方，避免和"错误"的人在一起，不应该从事使她们面临危险的工作，女性是孩子的主要监护人，女性应该始终有人陪伴，最好是男性。因此，预防和控制侵害女性的责任完全落在了女性自己的肩上。

女性对犯罪恐惧的反应各不相同，因为她们受到不同情境因素的影响（Gardner 1995）。正如理查德·斯帕克斯（Richard Sparks 1992：133）所指出的，有些人被迫生活在可怕的社会环境中。非裔美国人或拉美裔、移民和/或无身份移民、穷人、残疾人、女同性恋或双性恋等社会地位在犯罪恐惧中发挥了作用。例如女性移民，特别是那些英语并不流利或没有合法身份的女性，在面临受害的可能性时有着特殊的劣势。她们的恐惧被这样一些图景影响，包括无法理解袭击者的要求，或者如果袭击者是丈夫或男友，则会因为担心被驱逐出境而无法向警方报案。同样，尽管本研究受访的女性没有被问及，也没有自愿提供有关她们性取向的信息，但女同性恋和双性恋者在公共场所中也具有跟其他女性一样的脆弱性（Stanko 1990；Gardner 1995），如果被发现是性取向少数群体，她们可能会因威胁"传统价值观"而遭受骚扰甚至袭击。事实上，对全体人口遭受刑事暴力的概率进行的分析表明，针对同性恋群体的侵犯行为要比其他群体常见得多（Comstock 1991：55）。

犯罪的沉重负担落在女性身上，尤其是有色人种女性的身上，她们比白人女性更容易成为受害者。在本书中反映她们的声音特别有意义，因为关于犯罪恐惧的传统研究一直忽视了她们的具体需求。同样，青少年女性的叙述也被证明是特别重要的，因为她们的故事和叙述也没有出现在大多数关于犯罪恐惧的文献中。

有些人可能会说，女性可以自己决定挑战社会习俗，冒险进入这个世界，事实上，有些女性也是如此做的。但女性并不是独立选择自己的恐惧或应对恐惧的机制的。她们并不是为了避免在街上受到骚扰而自由地选择了改变自己的外表。诚然，她们的决定是个人的，但这种决定是在不平等权力关系的背景下做出的，在这种关系中，女性知道男性控制着街道，许多男性觉得他们可以骚扰女性而不会承担任何后果。对于家庭暴力的受害者来说，恐惧更加严重，因为虐待她们的人本应是"保护我的人"。

关于女性的犯罪恐惧的研究主要集中在对强奸和其他暴力犯罪的恐惧上。然而，本研究的参与者在相互分享的过程中，也叙述了许多人认为"不那么严重"的事件，如在街上、工作中和学校里被抢夺钱包、抢劫、言论攻击或触摸，是如何引起害怕和恐惧的。这些事件也使女性感到无能为力和被非人化，被当作客体对待。事实是，许多女性生活在持续的恐惧状态中，无法确定街头或家中发生的这些"小事件"是否会升级为更具威胁性的情况。异性的触摸可能会，也可能不会发展为性侵犯；忽视路人的评论可能会，也可能不会转化为侮辱，甚至是人身攻击。

对已有犯罪恐惧研究的反思

由于大多数研究者都是在传统的犯罪和受害者理论的背景下研究犯罪恐惧的，因此他们忽略了构成犯罪事件框架的权力结构及其引发的恐惧（Stanko 1991）。例如日常活动理论是犯罪学领域的一个重要的理论发展，它侧重于探讨影响受害可能性的条件。根据这一理论的两位支持者劳伦斯·科恩和马库斯·菲尔逊（Lawrence Cohen and Marcus Felson 1979）的说法，犯罪受害的风险取决于人们与潜在罪犯接触的生活方式和日常活动等因素，这些罪犯在没有监护人的情况下可以接触到受害者。尽管基于这一理论的研究将性别、种族和社会经济状况作为个体变量进行了讨论，但它们认为犯罪恐惧似乎发生在一个社会真空中，在这个真空中，权力作为人际关系和结构关系的特征并不产生影响。

思科甘和马克斯菲尔德（Skogan and Maxfield 1981）认为，女性的犯罪恐惧与她们的社会和身体脆弱性有关。在他们看来，社会脆弱性是日常的受害可能性和处理犯罪袭击后果的资源有限性的综合结果。身体脆弱性是抵抗侵害的无力和受害造成的情感和身体后果的结合。再次，犯罪恐惧被视为个人或群体的特征。这些研究甚至没有考虑女性、有色人种和同性恋者每天都会经历的权力滥用的情况。

本书从社会建构主义和女权主义理论的角度来讨论犯罪恐惧。这些视角为研究提供了宝贵的启发和方法指导。社会建构主义提醒我们，我们的恐惧是对罪犯和受害者形象的反应（Christie 1986），这些形象反映了整个社会的阶层、种族和性别秩序。主流的犯罪概念提供了理想罪犯和无辜受害者的两极分化的形象，构成了公众对犯罪和受害的普遍看法。正如本研究的参与者所表明的那样，关于犯罪及其控制、罪犯和受害者的主流意识形态强化了一种社会幻想，即无论什么种族的女性，黑人男性都是女性恐惧的首要对象，而女性，尤其是白人女性，是来自陌生人的性攻击的无辜受害者。塑造这些意识形态的图景维持了社会现状，因为那些实际上催生了暴力和恐惧的更为普遍的社会、经济和政治条件很少受到质疑，也很少受到挑战（Barak 1994a）。对犯罪的想象有助于构建一种"常识性的现实"（Berger and Luckman 1967：10），认为犯罪、罪犯和受害者都来源于精神错乱的或残忍的个人所实施的掠夺性行为，而不是由经济不平等或权力差异等结构性因素决定的。

女权主义理论提醒我们，对女性的控制有多种形式，而且刑事司法机构对我们施加的形式化规训并不是主要的控制形式（Smart and Smart 1978：12）。一些关于社会控制的女权主义研究已经不再关注更传统的问题——"女性为什么犯罪？"——而是问："女性为什么顺从？"（Carlen 1994：138）。我认为，犯罪恐惧是社会控制的一个基本因素，因为它围绕着"好女孩"需要遵循的严格行为准则构建了社会共识。正如本研究参与者的叙述所表明的那样，除了一些重要的例外，大多数女性都遵守这样的准则。尽管最终的行为都表现为个人决定，但犯罪恐惧对女性施加的胁迫是结构性的，因为它植根于多重权力重叠的等级制度中。

当前犯罪意识形态的根源与其在促进犯罪恐惧方面的作用是非常相关的。这些意识形态鼓励了一些人们普遍持有的信念：（1）罪犯可以通过他们的身体特征来识别；（2）只有执法人员的努力和工作才能解决犯罪和犯罪恐惧（Surette 1992）；（3）黑人和拉美裔年轻男女以及"新"移民群体的成员在美国形成了一个危险的阶层；（4）犯罪的受害者主要是白人；（5）女性有责任通过严格限制自己的生活并从本质上成为自己的警备力量来让自己和子女免于受到伤害；（6）"正常"犯罪是由陌生侵害者实施的犯罪，而在家、工作或学校实施的犯罪不是"真正的犯罪"，因为它们不是由理想的罪犯针对无辜受害者实施的；（7）女性独自一人很容易成为陌生侵害者的目标，所以女人需要"安全"的男人来保护她们，因为另一个可能会来帮助她的女性不管怎样都帮不上忙（Brownmiller 1975）；（8）如果一个女性没有保护人，为了安全，她也应该假装受到保护。

该怎么办？

正如印在波多黎各圣胡安健康工作坊[①]T恤上的标语："好女孩上天堂，其他人走四方。"

我经常被问道：女性的犯罪恐惧是否有任何可能的解决方案。尽管这一现象很复杂，但我确实相信，有几种方法可以带来个人的变化，并最终引起更大的社会维度的逐步转变。其中一些建议涉及日常行动和行为，还有一些则具体针对更广泛的权力结构变革的必要性。

男性和女性看似无害的日常保护程序，以防止犯罪恐惧，实际

---

① 健康工作坊（the Taller Salud）成立于1979年，是一个以社区为基础的女权主义非政府组织，致力于提高女性获得健康保健的机会，减少性别暴力，并通过教育和活动推动经济增长。

上是再生产并维系了性别、种族和阶层的刻板印象和期望。本研究中的一些参与者指出了这些程序的冒犯性：例如一名女性在经过一群拉美裔青少年时会摇起车窗。意识到这些看似无害的程序及其对人际关系和更大社会的影响是非常重要的。犯罪恐惧及其反应有助于维持性别等级制度的完整性，因为它使基于生物学预设（即身体虚弱和力量的差异）的概念合法化了，并将其呈现为"自然的"。一些保护程序也维持了基于阶层主义、种族主义或恐同而产生的不同的社会关系。

许多保护女性的程序将她们描绘成没有防御能力、总是需要庇护和保护的人，从而将她们婴儿化。一些成年甚至老年女性经常使用诸如"我不被允许坐地铁"或"我男朋友不允许我上夜校"之类的表述，但从不质疑成年女性有权也有能力做出自己的决定。此外，在"为了自己好"的主题下，女性被迫限制自己的活动。

女性为了处理她们的犯罪恐惧而参与的日常商讨是"在物质和意识形态限制的框架内"进行的（Green et al. 1991）。研究表明，与男性相比，女性的保护程序种类更多，数量也更多，这表明她们感觉自己更容易受到暴力的伤害（Stanko 1990：14，15）。矛盾的是，本研究中的几名女性表示，她们被男性指责过于谨慎。事实上，这几个人被指责为"偏执狂"。其中一位名叫露丝的白人中产女性说：

> 也许我是偏执狂，就像我丈夫说的那样。但我怎么知道这是我的偏执还是现实呢？只要打开电视、打开报纸，看看你在那里能看到什么！然后，如果我不是偏执狂，我或我的孩子发

生了什么事，他可能会第一个说："看，你不够小心。你难道不知道吗？"

正如露丝所表达的那样，如果女性发生了不好的事情，一些指责很容易首先指向女性。由于男性处于完全不同的社会地位，他们很难完全理解女性在日常交涉中必须应对安全焦虑的复杂性。另一位参与者艾莉森是一位拉美裔女性，她说：

> 你什么时候见过一个男人必须做我们每天必须做的一切来保护自己？注意你的穿着方式，以某种方式拿着你的包，看起来坚强而安全，有时甚至要显得刻薄，隐藏你的珠宝，忽视那些讨厌的评论。

艾莉森的叙述涉及一个重要但经常被忽视的问题：许多男人无法理解女人为了保护自己和感到更安全而不得不每天忍受的琐事和烦恼。与其说犯罪恐惧是"偏执的"或"非理性的"，不如说它是对女性权利的侵犯，并应该被视为侵犯。尽管大多数女性都意识到了犯罪恐惧给她们带来的日常限制，并对此感到不安，但公众普遍不知道女性的权利因这种恐惧而受到侵犯。许多参与者报告说，犯罪恐惧如何限制了她们参与教堂活动、环保活动和志愿者工作。它还侵犯了她们参加休闲活动和使用公共空间的权利。女性获得令人满意的工作和受教育的权利往往也因犯罪恐惧而受到严重限制。如果在女性权利的框架内讨论犯罪恐惧，它将成为人权和女性权利机构的国家和国际议程的一部分。正如简·罗伯茨·查普曼（Jane Roberts

Chapman）所指出的，对女性的广泛暴力及其容忍构成了一个被忽视或未被承认为人权问题的问题（1990）。女性对自己易受暴力和虐待的恐惧也是一个被忽略的女性权利问题，由于缺乏官方的有效应对措施，这一问题已经更加严重了。

旨在为犯罪受害女性提供服务的努力和工作可能会减少她们的恐惧。受虐妇女收容所、强奸干预中心、热线电话和类似服务为一些女性提供了必要的支持，让她们能够离开施虐者或与强奸犯进行对抗。尽管这些努力不一定会挑战使女性处于从属地位的社会结构，但它们确实提供了一个免受虐待的喘息之地（Stanko 1990）。其中一些服务提高了女性对私人暴力根源及其面临的危险的认识。它们还让女性有机会打破沉默，报告亲属和熟人对她们实施的暴力行为。这些服务必须认识到有色人种女性以及移民和没有身份的女性的具体需求。就拉美裔女性而言，文化和语言障碍以及移民身份往往使她们无法向收容所寻求帮助或举报强奸案。因此，应努力鼓励发展非正式社区网络，以便在家庭虐待、乱伦和熟人强奸案件中为受害者提供支持。

官方对犯罪恐惧的回应是增加街头巡逻警察的人数。然而，本研究的许多参与者，尤其是有色人种的年轻女性，报告说在警察面前感到不安全。此外，关于减少恐惧策略的研究，例如在新泽西州纽瓦克和得克萨斯州休斯敦进行的研究，都表明警察的存在并不能有效减少犯罪恐惧（Pate et al. 1986）。努力提高警察的敏感度，减少警察所持有的刻板印象、观念和偏见，可以增强社区对警察工作的信任，从而减少犯罪恐惧。犯罪学家詹姆斯·Q. 威尔逊和乔治·克林（James Q. Wilson and George Kelling 1982）在他们的著名文章《破碎的窗户：警察和社区安全》中呼吁回归20世纪风格的社区警务机制，在这种警务机制中，警察一直巡逻，长时间出现在社区里，从而激发公众安全感。塞缪尔·沃克（Samuel Walker 1984）批评了威尔逊和克林提出的社区警务的"破窗"概念，认为它通过浪漫化警察的角色而扭曲了历史。沃克说，现实是，旧式警察既不受欢迎，也不受尊重。必须继续努力了解警察和其他刑事司法机构在减少犯罪恐惧方面的作用，但旨在减少犯罪恐惧的努力不应仅仅依靠刑事司法机构的工作。假装刑事司法机构可以控制恐惧或犯罪是不合理和天真的，因为两者是不同权力关系的结果。此外，官僚机构、警察、法院和监狱是维持和加强这些权力关系的重要力量。

需要仔细研究有关犯罪和犯罪恐惧的表述。它们对某些人群具有极大的冒犯性，因为它们包含公开的贬损和暗语，尽管看似无害，但却不断污蔑特定的行为和群体。事实上，犯罪已经成为种族、阶层和性别的暗语。应该让公众意识到这种词汇是贬损的和污名化的。由于它们对公众的影响，记者、编辑、电视评论员和电台评论员尤其需要对他们的语言负责。罪犯和受害者的形象对公众产生了深刻的无意识的和情感的影响，塑造了人们的恐惧；影响和强化了关于犯罪、罪犯和受害者的日常讨论；以及最终形成了刑事司法实践。关于犯罪的讨论必须以准确的方式进行，而应排除由个别犯罪所引发的危言耸听的愤怒或道德恐慌。针对儿童、女性和老人的丑恶罪行将持续产生而且应该引起道德愤慨。公众必须坚决反对犯罪，特别是反对令人发指、毫无意义的暴力和仇恨行为，其中许多行为是针对女性、少数族裔和同性恋者的。当试图通过或改变立法或刑事司法实践以应对那些高度公开的犯罪时，就会出现问题，因为其中许多犯罪行为是十分罕见的,无论它们对我们来说多么离谱,但是这些立法或司法决定却影响着数百万人的生活。通过恐惧来立法,并设定有助于减少犯罪的项目,而不是通过严肃和理性的方式去试图了解犯罪行为的真实模式,都将误导那些相信"有关方面正在采取行动"的社会公众。

有良知的犯罪学家应该利用他们能接触媒体的机会来揭示犯罪的现实并让公众了解。但是,最重要的是,公众应该要求提供准确的信息和报告,谴责反弹式政治(尤其针对有色人种年轻男女和移民),以及那些试图通过操纵公众恐惧和焦虑来推动保守政治议程的人所引发的恐惧。准确报告的例子很少,但已经出现了,其内容包括尝试让公众了解女性被陌生人袭击甚至杀害的可能性,以及成为熟人谋杀或性侵受害者的可能性。

被害人学作为一门学科,一直受到保守派和法律与秩序模式倡导者的支持,他们引入了个人主义偏见,严重限制了我们解释受害模式(Walklate 1990)和恐惧的能力与可能性。尤其是犯罪恐惧,主要是从实证犯罪学的角度来研究的,实证犯罪学关注的是那些更害怕犯罪的人的身体、社会和经济特征。实证犯罪学也忽视了人们对犯罪的焦虑与更广泛的权力结构之间的联系。

在美国和英国少数犯罪学家的努力下,研究犯罪恐惧的新学术模式已经出现,他们已经开始发展女权主义被害人学和犯罪学。伊丽莎白·斯坦科(Elizabeth Stanko 1993,1991,1990)、卡罗尔·布鲁克斯·加德纳(1995)、贾尔娜·汉默和希拉·桑德斯(Jalna Hanmer and Sheila Saunders 1984)、玛格丽特·戈登和斯蒂芬妮·里格(1991)等学者对犯罪恐惧的女权主义研究,以及本书中提到的一些研究，都很有启发性。它们研究了犯罪恐惧，以及女性必须在男性和女性、不同种族背景的同性恋和异性恋者以及富人和穷人之间的支配和从属关系框架内进行的日常商讨。正如这些研究所提示的那样，让女性保持恐惧是维系对那些被认为脆弱的人的控制的又一种方式。

正如安东尼·吉登斯（Anthony Giddens 1984）所言，定量和定性研究方法之间的障碍应该被克服。两者都有优点，也有局限性。定量研究衡量的是受害和恐惧的模式，而定性研究则深入研究了女性恐惧的图景和主题，并找出了这些图景的根源。女权主义研究表明，仅仅依赖调查问卷和官方统计数据可能会产生问题，因为它们排除了人口中的一些重要部分（Walklate 1990）。地方受害情况调查正朝着正确的方向前进，比如英国伊斯灵顿犯罪调查（Crawford et al. 1990）就努力将有色人种和青少年充分纳入样本——对这两个群体来说，受害和犯罪恐惧是一个持续的威胁。这些地方调查针对犯罪构成严重问题的特定地区，并询问有关虐待儿童和违反工作安全条例等犯罪的问题，这些问题从未包括在官方受害调查中（Walklate 1990：28）。我们必须将使用焦点小组、深度访谈、日志以及个人和集体叙述的叙事形式的民族志研究纳入犯罪学和被害人学中，并给予它们应有的认可。本书使用的研究方法是焦点小组和深度访谈，鼓励女性表达自己的经历，向彼此和我敞开自己的生活。这两种方法有助于理解犯罪恐惧是如何胁迫性地影响女性的生活的，以及这种胁迫是如何因社会环境而变化的。

犯罪恐惧无疑有助于控制和限制女性的活动，使公众默认有所谓女性从事的"适当"或"不适当"的行为。尽管女性使用的许多保护策略很可能会减少她们的受害和对犯罪的担忧，但这些策略还是延续了关于女性脆弱、被动，男性强壮、强势和好斗的刻板观念。此外，大多数女性和男性不是通过个人和集体努力挑战现有权力结构，而是通过在社会系统内的个人努力来回应他们的恐惧，维护和支持现有的社会关系。除对她们的活动施加严重限制外，犯罪恐惧每天都在提醒人们，随着20世纪的结束和第二个千年的临近，女性在美国社会中继续居于从属地位。

尽管我母亲会提出像本书的标题那样的建议，但我们知道，事实上，许多坏事都发生在了"好女孩"身上。而且，尽管一些女性经常受到告诫，但仍拒绝限制自己的日常生活、成为好女孩。此外，无畏的女性似乎被认为是坏女孩，只因为她们挑战了主流的权力结构。

附录
我们如何研究犯罪恐惧

许多关于犯罪恐惧的研究使用了全国犯罪受害调查和一般社会调查的定量数据（Box et al. 1988; Covington and Taylor 1991; Garofalo 1979; Skogan and Maxfield 1981; Taylor and Covington 1993）。一些研究人员通过调查特定城市或社区来收集自己的数据（LaGrange and Ferraro 1989; Warr 1984）。对于一项基于社会建构主义的研究，我认为有必要倾听女性的声音，以解释我和其他人在这些定量研究中发现的一些模式。此外，一些研究提出，更害怕犯罪的人不会回应陌生人敲门或打电话问他们的问题。因此，本书没有使用定量方法，而是完全依赖于女性的故事。本研究使用了焦点小组和在纽约市及其周边郊区（包括新泽西州北部和纽约州北部的小镇）进行的深度访谈的材料。1994年10月至1995年秋天，我组织了18次焦点小组讨论，包含了不同年龄的白人、黑人和拉美裔女性：青少年、成年人和老年人。这些女性也有着不同的经济社会背景：从曼哈顿的一群无家可归的非裔青少年到新泽西州北部郊区的一群白人中产女性。此外，我对来自不同经济社会背景、种族和年龄组的女性进行了30

次一对一的深度访谈。进行单独访谈的原因是，我想收集一些女性在未受焦点小组其他成员表达的思想和态度的可能影响下自己的意见。本研究进行的 30 次深度访谈和 18 个焦点小组的讨论每次持续一到两个小时，深度访谈往往比焦点小组时长短。参与本研究的总人数为 140 人。

这些补充性的定性方法并不是为了发现有多少女性具有某些特征。它们旨在了解女性构建和表达自己对犯罪、罪犯、受害者及其相互关系的看法和图景的方式。与仅限于固定问题和简短答案的调查问卷不同，焦点小组和深度访谈鼓励在非限制的氛围中交流想法。

焦点小组最初是在 20 世纪 40 年代初出现的，当时罗伯特·默顿应保罗·拉扎斯菲尔德（Paul Lazarsfeld）的邀请，在纽约市哥伦比亚大学无线电研究办公室评估一些人对广播节目的反应（Stewart and Shamdasani 1990）。从那时起，这项技术就被用于市场研究，最近它在社会研究中也很受欢迎。焦点小组的优势是多样的。第一，研究人员可以同时访谈数人。第二，焦点小组产生了大量丰富的信息，参与者可以发出自己的声音。第三，根据我自己的经验，群体动态刺激了思想的自由流动，提出了研究人员以前可能没有考虑过的主题。第四，尽管焦点小组主持人事先设计了问题，并将其组织成讨论指南，但与使用调查问卷相比，研究人员的观点对受访者的影响较小。在我组织的许多焦点小组中，参与者提出了我以前没有考虑过的问题。访谈指南足够灵活，使我能够倾听女性的声音，使讨论朝着对她们有意义的方向发展，同时保留了群体比较时所需的结构。

焦点小组对一般女性来说是一种具有特别敏感性的方法，尤其是对拉美裔女性移民来说，其中一些人告诉我，她们在这种没有威胁的小组环境中感觉很舒服。正如其中一位参与者所解释的那样:"当我独自一人与访谈者在一起时,我会感到害怕和恐惧。如果他们给我打电话,我永远不会回答他们的问题。我怎么知道他们真正想要什么或他们是谁?"这种方法还允许我将没有合法身份的女性包括在内,因为她们不是单独接受采访,而是在其他没有身份和有身份的女性的陪伴下接受采访,所以她们更愿意参与讨论。焦点小组会议根据小组成员的喜好以英语或西班牙语进行。

焦点小组既被用来探索新的主题,也被用来验证或证实过去研究的结果。在犯罪恐惧的研究中,许多先前的研究已经揭示了谁在他们的社区更害怕,或者一些与犯罪恐惧相关的因素,例如物理环境中的不文明标识——垃圾、涂鸦、破碎的窗户、废弃的建筑(Taylor et al. 1984; Taylor and Covington 1993)。这些信息有助于解释恐惧的一般模式。然而,由于其数量性质,这些研究并没有为我们提供关于这些恐惧如何影响不同社会领域的女性以及这些恐惧的可能根源的深入信息。它们也未能捕捉到许多图景和符号中包含的丰富信息,这些图景和符号对女性的犯罪恐惧、女性日常生活的影响以及女性用来处理恐惧和焦虑的各种程序有关。

本研究使用了焦点小组和深度访谈等方法,以此更深入地了解女性及其对犯罪的担忧。本研究的目的不是揭示谁更害怕犯罪,是什么变量塑造了人们的恐惧,或者是什么经济社会或社区特征引发了个人对犯罪的感受。相反,本研究是为了理解女性如何想象犯罪,以及她们的日常行动和程序如何受到与犯罪相关的图景的影响。

焦点小组和深度访谈是集体和个人叙述的一种形式。它们是恢复和利用从女性日常经验中获得知识的极好工具。这些叙述使女性能够打破封闭她们思想和情感的沉默之墙。事实上，几代人以来，女性都以与母亲、姐妹、邻居和朋友交流的形式进行叙述。在以男性为中心的文化中，这种交流被戏称为"流言蜚语"，传统上这却是女性应对社会孤立的主要方式。此外，这些叙述，无论是个人的还是集体的，都是反映女性关于社会经济、政治方面发声的绝佳工具（Randall 1980）。

焦点小组作为一种集体叙述形式的优势在于，它使女性能够与具有类似社会经济和种族背景的其他女性交流和验证她们的共同经历（Jarrett 1993）。群体互动强调同理心和经验的共同性，并促进更多的自我揭露和自我验证。女性之间的交流可以是一种觉醒的体验，也是增强意识过程中的一个重要因素。这种沟通主张女性有权确认和核实自己的经历，因为在许多情况下，这些经历是由男性定义的或从男性的角度提出的。因此发现其他女性遇到过类似的问题，有过类似的想法，是帮助女性面对问题并验证自己观点的重要工具。

与其他研究方法一样，焦点小组也并非没有缺点。比如谈话很容易偏离主题。主持人必须在不完全偏离轨道的情况下熟练地获得可能相关的信息，这是一项艰巨的任务，但也是一项教育性的任务。此外，在某些情况下，一个参与者作为团队的自然领导者，可能会垄断对话，并将团队引入另一个方向。然而，我的教学经验使我能够引导参与者参与对话，在一开始就向小组成员表明不同意见的提出是合适的，以此鼓励参与者提出异议。

在组织焦点小组和联系参与者方面可能会出现重大困难。事实证明，与社区领导人和组织建立联系至关重要。他们和我的学生是最重要的研究参与者的招募人。一般来说，我联系了一个人，他在我的指导下组织了某个小组。

对本研究来说，每个焦点小组在种族、阶层和年龄上具有同质性，这一点尤为重要，因为我相信参与者与像自己一样的其他女性在一起可以更自由地讨论她们对犯罪、罪犯和受害者的形象的认识。这是一个需要向小组组织者仔细解释的敏感问题。有几次焦点小组会议不得不在最后一刻取消，因为与会者无法前来。在这些时候，灵活性成了本研究的一大特点。

在同质化的焦点小组和深度访谈的140名样本中，43人为白人，38人为黑人，59人为拉美裔（拉丁血统的黑人、白人或种族混合的女性）。样本的年龄分布如下：47名青少年（13至19岁）、62名成年人（20至59岁）和31名老年人（60岁及以上）。该样本有意使少数族裔和青少年女性的比例偏高。由于大多数关于犯罪恐惧的研究都低估了这些群体的代表性，很少有研究考虑到青少年和拉美裔女性，因此有必要特别关注她们的声音。对于18岁以下的参与者，在面试前几天我们会向她们的父母发送一封同意书，解释本项目，并请求父母授权他们的女儿参加。

焦点小组一般有5至12名参与者。她们一起坐在餐桌旁、参与者家的客厅里或教室里，讨论犯罪恐惧对她生活的影响。我在所有的焦点小组中都担任了主持人的角色，只有一个小组是由我的一名学生领导的。我的职责是提出一些问题，并确保参与者在畅谈主题时感到舒适。在参与者允许的情况下，我们对讨论进行了录音，随后进行了转译整理。

受访者都是自愿参加的。有些是通过其他参与者的推荐招募而来的，有些是学生，有些参加了我的一次演讲，或者通过第三方了解了我的研究主题，希望接受访谈。因此，本研究的样本是一个具有可用性和便利性的样本，通过滚雪球的过程招募（Morse 1992）。由于样本既不是随机的，也不是美国人口的代表性样本，所以我避免在全文中进行概括性总结（McCracken 1988）。这项研究的目的不是为了普及，而是为了了解女性及其对犯罪恐惧的观点和图景。

焦点小组将我带到了各种各样的地方：从曼哈顿拉美裔社区一所非传统学校的地下室，到新泽西郊区一位白人中产女性的餐桌；从一位端出茶和精致糕点的老妇人的客厅，到摆放比萨和软饮料的青少年之家的地板。深度访谈也在不同的地方进行：教室、参与者自己的客厅和我在亨特学院的办公室都是常见的访谈场所。

我在访谈对象们最方便的时间和地点见到了她们。我尽可能地调整了日程以满足她们的需求。我认为自己很荣幸能进入她们的生活几个小时，并得以一窥她们所面对的社会现实。

本书的各章节介绍了在这些焦点小组和深度访谈中的发现。尽管我经常提到参与者的名字，但为了保护她们，我已经更改了所有的名字，而且，我只给出了她们所在的城镇和社区的一般名称和位置。完整的城镇名或社区名可能会危及参与者信息的保密性，因为一些人提到了发生在社区机构（如学校）的事件。此外，一些联系人和参与者评论说，她们的社区经常被媒体描绘成"危险的"；出于对她们感情上的尊重和对她们社区工作的钦佩，我隐藏了这些地方的信息。

我尽可能忠于本研究中的女性的表述。换句话说，我尽量不对她们的原话进行编辑。只有在极少数情况下，当读者很难理解她们在说什么时，我才会去做一些编辑工作。我翻译了用西班牙语进行的访谈，谨慎地使用英语单词，作为一个拥有双语和双文化背景的人，我选择了最适合她们的表达的那些单词。当我认为只有一个西班牙语单词才能准确传达女性的情感并展示一种表达的活力时，我就用斜体标注了这个单词，然后翻译成了英文。

尽管我偶尔会用数字来解释有多少女性表达了类似的想法，但我对数字本身并不感兴趣。本研究的主要目的是了解女性对犯罪、罪犯和受害者的恐惧及其表现。因此，我使用诸如"经常""一般"或"大多数女性"之类的表达方式来反映大多数女性叙述中出现的各种反应。

在本书中，我交替使用了黑人和非裔美国人，以及拉美裔和西班牙裔。因为美国司法部司法统计局和美国人口普查局在他们的数据中使用了黑人和西班牙裔这两个术语，所以我在处理这些数据时通常会使用他们所用的称谓。女性们经常用这些术语作为同义词，为了忠于她们的叙述，我遵循了她们的习惯。

这不是一本关于女性作为恐惧受害者的书。一些女性表示她们并不害怕犯罪行为。其他人则表示，尽管她们并不害怕，但她们确实采取了预防措施——我没有质疑这种看似矛盾的回应，因为我相信我们的生活充满了这种不一致，我不认为指出这些不一致是我的职责。

尽管有些人可能会发现女性应对恐惧的策略很有吸引力，但另一些人可能不会受到她们应对机制的启发。然而，参与者提供的信息将有助于我们了解犯罪恐惧背后的社会结构条件以及女性应对犯罪的日常程序，从而深入了解这种恐惧的根源以及如何应对它所带来的负面影响。

参考文献

Adler, Freda. 1975. *Sisters in Crime: The Rise of the New Female Criminal.* New York: McGraw-Hill.

Adler, Jerry. 1994. "Kids Growing Up Scared." *Newsweek,* 10 January, 43–49.

Advertising Age. 1994. "Numbers for the 90s. Safer Shopping." 29 August, 3.

Allende, Isabel. 1993. *The House of the Spirits.* New York: Bantam.

American Correctional Association. 1992. *Juvenile and Adult Correctional Departments, Institutions, Agencies, and Paroling Authorities.* Laurel, Md.: American Correctional Association.

Amin, Menachem. 1971. *Patterns of Forcible Rape.* Chicago: University of Chicago Press.

Andersen, Margaret. 1993. *Thinking about Women: Sociological Perspectives on Sex and Gender.* New York: Macmillan.

Balkin, Steven. 1979. "Victimization Rates, Safety, and Fear of Crime." *Social Problems* 26: 343–58.

Balkin, Steven, and P. Houlden. 1983. "Reducing Fear of Crime through Occupational Presence." *Criminal Justice and Behavior* 10: 13–33.

Barak, Gregg. 1994a. "Between the Waves: Mass-Mediated Themes of Crime and Justice." *Social Justice* 21: 133–47.

——.1994b. "Mediated Crime and the ACJS." *ACJS Today* (November/

December): 3.

Baumer, Terry. 1985. "Testing a General Model of Fear of Crime." *Journal of Research in Crime and Delinquency* 22: 239–55.

Becker, Howard. 1964. *The Other Side: Perspectives on Deviance.* New York: The Free Press.

Bell, Alan P., and Martin S. Weinberg. 1978. *Homosexualities: A Study of Diversity among Men and Women.* New York: Simon and Schuster.

Benedict, Helen. 1992. *Virgin or Vamp: How the Press Covers Sex Crimes.* New York: Oxford University Press.

Ben-Yehuda, Nachman. 1986. "The Sociology of Moral Panics: Toward a New Synthesis." *The Sociological Quarterly* 24: 495–513.

Berger, Peter L., and Thomas Luckmann. 1967. *The Social Construction of Reality.* New York: Anchor Books.

Berke, Richard. 1994a. "Crime Is Becoming Nations' Top Fear." *New York Times.* 23 January, A-21.

———.1994b. "Survey Finds Voters in the U.S. Rootless and Self-Absorbed." *New York Times,* 21 September, A-21.

Bland, Lucy. 1992. "The Case of the Yorkshire Ripper: Mad, Bad, Beast or Male." In Jill Radford and Diana E. H. Russell, eds., *Femicide: The Politics of Woman Killing.* 233–52. New York: Twayne.

Bohn, Ted S. 1983–84. "Homophobic Violence: Implications for Social Work Practice." *Journal of Social Work and Human Sexuality* 2: 91–112.

Box, Steven, Chris Hale, and Glenn Andrews. 1988. "Explaining Fear of Crime." *British Journal of Criminology* 28: 340–56.

Braungart, Margaret, Richard Braungart, and William Hoyer. 1980. "Age, Sex, and Social Factors in Fear of Crime. " *Sociological Focus* 13: 55–66.

Brownmiller, Susan. 1975. *Against Our Will: Men, Women, and Rape.* New York: Fawcett Columbine.

Bureau of Justice Statistics. 1996. *Criminal Victimization in the United States, 1994.* Washington, D.C.: U.S. Department of Justice.

———.1995a. *Sourcebook of Criminal Justice Statistics,* 1994. Washington,

D.C.: U.S. Department of Justice.

———.1995b. *Guns Used in Crime.* Washington, D.C.: U.S. Department of Justice.

———.1995c. *Violence against Women: Estimates from the Redesigned Survey.* Washington, D.C.: U.S. Department of Justice.

———.1994a. *Violence between Intimates.* Washington, D.C.: U.S. Department of Justice.

———.1994b. *Source Book of Criminal Justice Statistics, 1993.* Washington, D.C.: U.S. Department of Justice.

———.1992. *Survey of State Prison Inmates, 1991.* Washington, D.C.: U.S. Department of Justice.

———.1991. *Prisoners in 1990.* Washington, D.C.: U.S. Department of Justice.

Butterfield, Fox. 1995. "More Blacks in Their 20's Have Trouble with the Law." *New York Times,* 5 October, A-18.

Cain, Maureen. 1989. "Feminists Transgress Criminology." In Maureen Cain, ed., *Growing Up Good: Policing the Behavior of Girls in Europe.* Newbury Park, Calif.: Sage Publications.

Carlen, Pat. 1994. "Gender, Class, Racism, and Criminal Justice: Against Global and Gender-Centric Theories, for Poststructuralist Perspectives." In George S. Bridges and Martha Myers, eds., *Inequality, Crime, and Social Control,* 134–44. Boulder, Colo.: Westview Press.

Carr, C. 1995. "The Politics of Sin." *The Village Voice,* 16 May, 26–30.

Chamberlain, Pam. 1985. "Homophobia in the Schools, or What We Don't Know Will Hurt Us." *Radical Teacher* 29: 3–6.

Chambliss, William J., and Robert B. Seidman. 1971. *The Social Reality of Crime.* Reading, Mass.: Addison Wesley.

Chancer, Lynn S. 1992. *Sadomasochism in Everyday Life: The Dynamics of Power and Powerlessness.* New Brunswick, N.J.: Rutgers University Press.

Chapman, Jane Roberts. 1990. "Women, Violence and Human Rights," *Social Justice* 17: 54–70.

Chesney-Lind, Meda. 1995. "Rethinking Women's Imprisonment: A Critical Examination of Trends in Female Incarceration." In Barbara Raffel Price and Natalie Sokoloff, eds., *The Criminal Justice System and Women,* 105–17. New York: McGraw-Hill.

Chira, Susan. 1994. "Solomon's Rules for the 90's." *New York Times,* 25 September, sec. 4, 1, 3.

Christie, Nils. 1986. "The Ideal Victim." In Ezzat A. Fattah, ed., *From Crime Policy to Victim Policy,* 17–30. New York: St. Martin s Press.

Clarke, Ronald. 1983. "Situational Crime Prevention: Its Theoretical Basis and Practical Scope." In Michael Tonry and Norval Morris, eds., *Annual Review of Criminal Justice Research,* 225–56. Chicago: University of Chicago Press.

Clemente, Frank, and Michael B. Kleiman. 1977. "Fear of Crime in the United States: A Multivariate Analysis." *Social Forces* 56: 518–31.

Clymer, Adam. 1995. "Cocaine Terms Unchanged." Congressional Roundup. *New York Times,* 13 September, A-18.

Cohen, Lawrence, and Marcus Felson. 1979. "Social Change and Crime Rate Trends: A Routine Activities Approach." *American Sociological Review* 44: 588–608.

Cohen, Lawrence E., James R. Kluegel, and Kenneth C. Land. 1981. "Social Inequality and Predatory Criminal Victimization: An Exposition and Test of a Formal Theory." *American Sociological Review* 48: 505–24.

Comstock, Gary D. 1991. *Violence against Lesbians and Gay Men.* New York: Columbia University Press.

Cose, Ellis. 1990. "Turning Victims into Saints." *Time,* 22 January, 19.

Covington, Jeanette, and Ralph Taylor. 1991. "Fear of Crime in Urban Residential Neighborhoods: Implications of Between—and Within—Neighborhood Sources for Current Models." *Sociological Quarterly* 32: 231–49.

Crawford, A., T. Jones, T. Woodhouse, and J. Young. 1990. Second Islington Crime Survey. London: Middlesex Polytechnic.

Cunningham, William, John Strauchs, and Clifford Van Meter. 1991. "Private Security Patterns and Trends." *NIJ Research in Brief.* Washington, D.C.: U.S. Department of Justice.

Currie, Elliott. 1985. *Confronting Crime.* New York: Pantheon.

———.1968. "Crimes without Criminals: Witchcraft and Its Control in Renaissance Europe." *Law and Society Review* 3: 7–32.

de Certeau, Michel. 1984. *The Practice of Everyday Life.* Berkeley: University of California Press.

DuBow, Frederick, Edward McCabe, and Gail Kaplan. 1979. *Reactions to Crime: A Critical Review of the Literature.* Washington, D.C.: National Institute of Law Enforcement and Criminal Justice.

Durkheim, Emile. 1982. *The Rules of the Sociological Method and Selected Texts on Sociology and Its Method.* New York: The Free Press.

Dworkin, Andrea. 1974. *Woman Hating.* New York: Dutton.

Dwyer, Jim. 1994. "A Mad Affair of Drugs, Jails," *New York Newsday,* 14 September, A-2.

Ehrenreich, Barbara, and Deidre English. 1978. *For Her Own Good: 150 Years of the Experts' Advice to Women.* New York: Doubleday.

Elshtain, Jean Bethke. 1995. *Democracy on Trial.* New York: Basic Books.

Erikson, Kai. 1966. *Wayward Puritans: A Study in the Sociology of Deviance.* New York: Wiley.

Estrich, Susan. 1994. "The Last Victim." *New York Times Magazine,* 18 December, 54, 55.

Faith, Karlene. 1993. *Unruly Women. The Politics of Confinement and Resistance.* Vancouver: Press Gang Publishers.

Faludi, Susan. 1991. *Backlash: The Undeclared War against American Women.* New York: Crown.

Federal Bureau of Investigation. 1993. *Crime in the United States 1992.* Washington, D. C.: U.S. Government Printing Office.

Ferraro, Kenneth F., and Randy LaGrange. 1987. "The Measurement of Fear of Crime," *Sociological Inquiry* 57: 70–101.

Firestone, Shulamith. 1971. *The Dialectic of Sex.* London: Paladin.

Fox, James Alan, and Jack Levin. 1994. *Overkill: Mass Murder and Serial Killing Exposed.* New York: Plenum.

Friedman, Josh. 1993. "Emigres Living in Fear." *New York Newsday,* 22 December, 4, 99.

Gardner, Carol Brooks. 1995. *Passing By: Gender and Public Harassment.* Berkeley: University of California Press.

Garofalo, James. 1979. "Victimization and Fear of Crime." *Journal of Research in Crime and Delinquency* 16: 80–97.

———. 1977. *Public Opinion About Crime: The Attitudes of Victims and Nonvictims in Selected Cities.* U.S. Department of Justice, National Criminal Justice Information and Statistics Service. Washington, D.C.: U.S. Government Printing Office

Garofalo, Raffaelo. 1914. *Criminology.* Boston: Little, Brown.

Gelles, Richard, and Murray Strauss. 1979. "Violence in the American Family,"*Journal of Social Issues* 35: 15–39.

Giddens, Anthony. 1984. *The Constitution of Society.* Cambridge, U.K.: Polity Press.

Goode, Erich, and Nachman Ben-Yehuda. 1994. *Moral Panics: The Social Construction of Deviance.* Oxford, U.K.: Blackwell.

Gordon, Margaret T., and Stephanie Riger. 1991. *The Female Fear: The Social Cost of Rape.* Chicago: University of Illinois Press.

Gove, Walter. 1985. "The Effects of Age and Gender on Deviant Behavior: A Biopsychological Perspective." In Alice S. Rossi, ed., *Gender and the Life Course,* 115–43. Hawthorne, N.Y.: Aldine.

Green, Eileen, Sandra Hebron, and Diana Woodward. 1991. "Women, Leisure, and Social Control." In Jalna Hanmer and Mary Maynard, eds., *Women, Violence and Social Control,* 75–92. Atlantic Highlands, N.J.: Humanities Press International.

Greenberg, David. 1977. "The Dynamics of Oscillatory Punishment Processes." *Journal of Criminal Law and Criminology* 68: 643–51.

Greenfeld, Lawrence, and James Stephan. 1993. *Capital Punishment 1992.* Washington, D.C.: Bureau of Justice Statistics.

Griffin, Susan. 1971. "Rape: The Ail-American Crime." *Ramparts* 10 (September): 35.

"Guns Gaining on Cars as a Leading U.S. Killer." *The New York Times,* 26 Jan 1994, A-12.

Hall, Stuart, Chas Critcher, Tony Jefferson, John Clarke, and Brian Roberts. 1978. *Policing the Crisis: Mugging, the State and Law and Order.* New York: Holmes and Meier.

Hanmer, Jalna, and Sheila Saunders. 1984. *Well-founded Fear: A Community Study of Violence Against Women.* London: Hutchinson.

Heidensohn, Frances. 1985. *Women and Crime: The Life of the Female Offender.* New York: New York University Press.

Hester, Marianne. 1992. "The Witch-craze in Sixteenth and Seventeenth Century England as Social Control of Women." In Jill Radford and Diana E. H. Russell, eds., *Femicide: The Politics of Woman Killing,* 27–39. New York: Twayne.

Hindelang, Michael, Michael R. Gottfredson, and James Garofalo. 1978. *Victims of Personal Crime: An Empirical Foundation of a Theory of Personal Victimization.* Cambridge, Mass.: Ballinger.

Holmes, Steven A. 1996. "Income Disparity Between Poorest and Richest Rises." *New York Times,* 20 June, A-1, A-25.

——.1994. "Ranks of Inmates Reach One Million in a 2-Decade Rise." *New York Times,* 28 October, A-1, A-25.

Horowitz, Joy. 1994. "Arms and the Woman." *Harper's Bazaar,* February, 166–9.

"In 1994, Vote for Woman Does not Play so Well." *The New York Times,* 3 October 1994, A-1, B-10.

Jankovic, Ivan. 1977. "Labor Market and Imprisonment." *Crime and Social Justice* 8: 17–31.

Jarrett, Robin L. 1993. "Focus Group Interviews with Low-Income Minority

Populations: A Research Experience." In David L. Morgan, ed., *Successful Focus Groups. Advancing the State of the Art,* 184–201. Newbury Park, Calif.: Sage.

Jenkins, Philip. 1992. *Intimate Enemies: Moral Panics in Contemporary Britain.* New York: Aldine de Gruyter.

Johns, Christina. 1992. *Power, Ideology, and the War on Drugs. Nothing Succeeds Like Failure.* New York: Praeger.

"Jury Selection Begins in the Polly Klaas Case," *The New York Times,* 12 July 1995 A-12.

Kelly, Liz. 1991. "The Continuum of Sexual Violence." In Jalna Hanmer and Mary Maynard, eds., *Women, Violence, and Social Control,* 46–60. Atlantic Highlands, N.J.: Humanity Press International.

Kinkead, Gwen. 1994. "Spöck, Brazelton, and Now ... Penelope Leach." *New York Times Magazine,* 10 April, 32–5.

Klein, Doris. 1995. "The Etiology of Female Crime: A Review of the Literature." In Barbara Raffel Price and Natalie J. Sokoloff, eds., *The Criminal Justice System and Women: Offenders, Victims, and Workers,* 30–53. New York: McGraw-Hill.

Kunkle, Frederick. 1995. "Mugger Kills Honor Student, 20." *The Becord,* 15 July, A-1, A-7.

LaGrange, Randy L., and Kenneth Ferraro. 1989. "Assessing Age and Gender Differences in Perceived Risk and Fear of Crime." *Criminology* 27: 697–718.

Lewin, Tamar. 1994. "What Penalty for a Killing in Passion?" *New York Times,* 21 October, A-18.

Liazos, Alexander. 1982. *People First: An Introduction to Social Problems.* Boston: Allyn and Bacon.

Liska, Allen, and Barbara D. Warner. 1991. "Functions of Crime: A Paradoxical Process." *American Journal of Sociology* 96: 1441–63.

Liska, Allen, Joseph Lawrence, and Andrew Sanchirico. 1991. "Fear of Crime as a Social Fact." *Social Forces* 60: 760–70.

Llorente, Elizabeth. 1995. "Young Toughs Terrorize Illegal Aliens." *The Record,* 17 February, A-1, A-12.

MacKinnon, Catharine. 1993. "Feminism, Marxism, Method, and the State: Toward a Feminist Jurisprudence." In Pauline B. Bart and Eileen Geil Moran. *Violence Against Women, The Bloody Footprints,* 201–27. Newbury Park, Calif.: Sage.

——.1987. *Feminism Unmodified.* Cambridge, Mass.: Harvard University Press.

Madriz, Esther. 1992. *Fear of Crime and Victimization of Women: A Real Paradox?* Ph.D. diss., Vanderbilt University.

Males, Mike. 1994. "Unwed Mothers: The Wrong Target." *New York Times,* 29 July, A-15.

Manis, Jerome. 1974. *Analyzing Social Problems.* New York: Praeger, 25.

Manis, Jerome. 1974. "The Concept of Social Problems: Vox Populis and Sociological Analysis." *Social Problems* 21: 301–15.

Mann, Coramae Richey. 1995. "Women of Color and the Criminal Justice System." In Barbara Raffel Price and Natalie Sokoloff, eds., *The Criminal Justice System and Women,* 118–35. New York: McGraw-Hill.

——. 1993. *Unequal Justice. A Question of Color.* Bloomington: Indiana University Press.

Mauer, Mark. 1991. *Americans Behind Bars: A Comparison of International Rates of Incarceration.* Washington, D.C.: The Sentencing Project.

Maxfield, Michael. 1984. "The Limits of Vulnerability in Explaining Fear of Crime: A Comparative Neighborhood Analysis." *Journal of Research in Crime and Delinquency* 21: 233–50.

McCracken, Grant. 1988. *The Long Interview.* Newbury Park, Calif.: Sage.

McLarin, Kimberly J. 1994. "Fear Prompts Self-Defense as Crime Comes to College." *New York Times,* 2 September, A-1, B-11.

McLean, Susana. 1995. "The Victim Gets the Blame in Central Park." *New York Times,* 28 September, A-27.

Mendelsohn, Beniamin. 1974. "The Origins of the Doctrine of Victimology."

In Israel Drapkin and Emilio Viano, eds., *Victimology,* 3–11. Lexington, Mass.: Lexington Books.

Merton, Robert K., and Robert Nisbet, eds., 1976. *Contemporary Social Problems.* New York: Harcourt Brace Jovanovich.

Messerschmidt, James W. 1986. *Capitalism, Patriarchy, and Crime: Towards a Socialist Feminist Criminology.* Totowa, N.J.: Rowman and Littlefield.

Miller, Brian, and Laud Humphreys. 1980. "Lifestyles and Violence. Homosexual Victims of Assault and Murder." *Qualitative Sociology* 3: 169–85.

Mitchell, Juliet. 1971. *Woman's State.* New York: Pantheon.

Morrison, Toni. 1994. *Beloved.* New York: Knopf.

Morse, Janice M. 1992. "Strategies for Sampling." In Janice M. Morse, ed., *Qualitative Nursing Research.* Newbury Park, Calif.: Sage, 125–45.

Mullings, Leith. 1994. "Images, Ideology, and Women of Color." In Maxine Bacca Zinn and Bonnie Thornton Dill, eds., *Women of Color in U.S. Society,* 265–289. Philadelphia: Temple University Press.

Nagourney, Adam. "Dole Carries Crime Theme to a Tent Jail." *New York Times,* 18 September, A-13.

Nelson, Lars-Erik. 1995. "Prof. Newt Steers Partisan Course." *New York Newsday,* 18 September, A-13.

Nossiter, Adam. 1994. "Making Hard Time Harder, States Cut Jail TV and Sports." *New York Times,* 17 September, 1, 11.

Ortega, Suzanne T., and Jessie L. Myles. 1987. "Race and Gender Effects on Fear of Crime: An Interactive Model with Age." *Criminology* 25: 133–52.

Pate, Tony, Mary A. Wycoff, Wesley Skogan, and Lawrence W. Sherman. 1986. *Reducing Fear of Crime in Houston and Newark.* Washington, D.C.: Police Foundation.

Pellicani, Luciano. 1981. *Gramsci: An Alternative Communism?* Stanford, Calif.: Hoover Institution Press.

Pérez, Miguel. 1995. "Victimized a 2nd Time." *The Record,* 17 February, C-1.

Piven, Francis, and Richard A. Cloward. 1993. *Regulating the Poor: The*

Functions of Public Welfare. New York: Vintage Books.

Platt, Anthony. 1994a. "The Politics of Law and Order." *Social Justice* 21 (3): 3–10.

———.1994b. "Rethinking and Unthinking Social Control." In George S. Bridges and Martha Myers, eds., *Inequality, Crime, and Social Control,* 72–9. Boulder, Colo.: Westview Press.

Purdum, Todd S. 1996. "Clinton Co-opts Crime Issue, Stressing Victims' Rights." *New York Times,* 27 October, A-14.

Quindlen, Anna. 1994. "Playing Perfect Pattycake. The Mythical Mother." *New York Times,* 13 April, A-21.

Quinney, Richard. 1974. *Critique of the Legal Order.* Boston: Little, Brown.

Radford, Jill. 1991. "Policing Male Violence, Policing Women." In Jalna Hanmer and Mary Maynard, eds., *Women, Violence, and Social Control,* 30–45. Atlantic Highlands, N.J.: Humanities Press International.

Radford, Jill, and Diana E. H. Russell, eds. 1992. *Femicide: The Politics of Woman Killing.* New York: Twayne.

Randall, Margaret. 1980. *Todas Estamos Despiertas.* Ciudad de Mexico, Mexico: Editorial Siglo XXI.

Reiman, Jeffrey. 1995. *The Rich Get Richer and the Poor Get Prison.* Boston, Mass.: Allyn and Bacon.

Riger, Stephanie, and Margaret T. Gordon. 1991. "The Fear of Rape. A Study in Social Control." *Journal of Social Issues* 37: 71–92.

Riger, Stephanie, Margaret T. Gordon, and R. LeBailly. 1978. "Women's Fear of Crime: From Blaming to Restricting the Victim." *Victimology* 3:274–83.

Rosen, Lawrence, and Kathleen Nelson. 1982. "Broken Homes." In Leonard Savitz and Norman Johnston, eds., *Contemporary Criminology,* 126–35. New York: Wiley.

Roth, Jeffrey A. 1994. "Understanding and Preventing Violence," *National Institute of Justice: Research in Brief.* Washington, D.C.: U.S. Department of Justice.

Rusche, Georg, and Otto Kirchheimer. 1968. *Labor Market and Penal*

Sanctions: Punishment and Social Structure. New York: Russell and Russell.

Russell, Diana E. H., ed., 1993. *Making Violence Sexy.* New York: Teachers College Press, Columbia University.

Sagarin, Edward. 1975. *Deviants and Deviancy.* New York: Praeger.

Schwendinger, Herman, and Julia Schwendinger. 1991. "Feminism, Criminology, and Complex Variations." In Brian McLean and Dragan Milovanovic, eds., *New Directions in Critical Criminology: Left Realism, Feminism, Postmodernism, and Peacemaking,* 39–44. Vancouver, Canada: The Collective Press.

Sherman, Rorie. 1995/96. "Crimes Toll on the U.S.: Fear, Despair, and Guns." In John J. Sullivan and Joseph L. Victor, eds., *Annual Editions: Criminal Justice 95/96,* 57. Guilford, Conn.: Dushkin/Brown and Benchmark.

Sidel, Ruth. 1992. *Women and Children Last. The Plight of Poor Women in Affluent America.* New York: Penguin.

Skogan, Wesley. 1987. "The Impact of Victimization on Fear," *Crime and Delinquency* 33: 135–54.

———.1986. "The Fear of Crime and Its Behavioral Implications." In Ezzat A. Fattah, ed., *From Crime Policy to Victim Policy: Reorienting the Justice System,* 167–188. New York: St. Martin's Press.

Skogan, Wesley, and Michael G. Maxfield. 1981. *Coping with Fear.* Beverly Hills, Calif.: Sage.

Slater, A. S., and S. Feinman. 1985. "Gender and the Phonology of North American First Names." *Sex Roles* 13: 429–40.

Smart, Carol. 1995. *Law, Crime and Sexuality: Essays in Feminism.* London: Sage.

———.1976. *Women, Crime, and Criminology.* London: Routledge and Kegan Paul.

Smart, Carol, and B. Smart. 1978. *Women, Sexuality, and Social Control.* London: Routledge.

Sparks, Richard. 1992. "Reason and Unreason in 'Left Realism': Some

Problems in the Constitution of the Fear of Crime." In Roger Matthews and Jock Young, eds., 119–135. *Issues in Realist Criminology.* London: Sage.

———.1982. *Research on Victims of Crime: Accomplishments, Issues, and New Directions.* Rockville, Md.: U.S. Department of Health and Human Services, Washington, D.C.

Spindler, Amy M. 1995. "Luxurious Armor by Karan, Klein, Mizrahi." *New York Times,* 8 April, 31.

Spitzer, Steven. 1975. "Toward a Marxian Theory of Deviance." *Social Problems* 22: 638–51.

Stafford, Mark C., and Omer R. Galle. 1984. "Victimization Rates, Exposure to Risk and Fear of Crime." *Criminology* 22: 173–85.

Stanko, Elizabeth. 1993. "Ordinary Fear: Women, Violence, and Personal Safety." In Pauline Bart and Eileen Geil Moran, eds., *Violence Against Women, the Bloody Footprints,* 155–64. Newbury Park, Calif.: Sage.

———.1991. "Typical Violence, Normal Precaution: Men, Women and Interpersonal Violence in England, Wales, Scotland and the USA." In Jalna Hanmer and Mary Maynard, eds., *Women, Violence, and Social Control,* 122–34. Atlantic Highlands, N.J.: Humanities Press International.

———.1990. *Everyday Violence: How Women and Men Experience Sexual and Physical Danger.* London: Pandora.

Stewart, Barbara. 1995. "Rebels Against the Rude," *New York Times,* 26 February, sec. 13, 1, 10.

Stewart, David W., and Prem N. Shamdasani. 1990. *Focus Groups: Theory and Practice.* Newbury Park, Calif.: Sage.

Surette, Ray. 1994. "Predator Criminals as Media Icons." In Gregg Barak, ed., *Media, Process, and the Social Construction of Crime: Studies in Newsmaking Criminology,* 131–58. New York: Garland.

———.1992. *Media, Crime and Criminal Justice: Images and Realities.* Pacific Grove, Calif.: Brooks/Cole.

Szasz, Thomas. 1970. *The Manufacture of Madness.* New York: Dell.

Taylor, Ralph, and Jeanette Covington. 1993. "Community Structural Change and Fear of Crime." *Social Problems* 40: 374–97.

Taylor, Ralph, and Margaret Hale. 1986. "Testing Alternative Models of Fear of Crime." *Journal of Criminal Law and Criminology* 77: 151–89.

Taylor, Ralph, Sally A. Shumaker, and Stephen D. Gottfredson. 1984. "Neighborhood Level Links between Physical Features and Local Sentiments: Deterioration, Fear of Crime, and Confidence." *Journal of Architectural and Planning Research* 2: 261–27.

Todd, Andrea. 1994. "Running Late." *New York Times Magazine,* 6 November, 30.

Toner, Robin. 1994. "Image of Capitol Maligned by Outsiders and Insiders." *New York Times,* 16 October, 1, 24.

Tonry, Michael. 1995. *Malign Neglect: Race, Crime and Punishment in America.* New York: Oxford University Press.

Treaster, Joseph B. 1994. "A Slain Woman's Trail of Pain: Many Contradictions, but Trouble Was Her Constant." *New York Times,* 2 October, 34, 37

U. S. Bureau of Census. 1990. *Statistical Abstract of the United States.* Washington, D.C.: U.S. Government Printing Office.

U. S. Department of Commerce. 1994. *Bureau of Census, Census Data 1992.* Washington, D.C.: U.S. Government Printing Office.

Void, George B. 1958. *Theoretical Criminology.* New York: Oxford University Press.

Void, George B., and Thomas J. Bernard. 1986. *Theoretical Criminology.* New York: Oxford University Press, 270–77.

Von Hentig, Hans. 1948. *The Criminal and His Victim.* New Haven, Conn.: Yale University Press.

Walker, Alice. 1982. *The Color Purple.* New York: Pocket.

Walker, Samuel. 1984. "Broken Windows and Fractured History: The Use and Misuse of History in Recent Police Patrol Analysis." *Justice Quarterly* 1: 75–90.

Walklate, Sandra. 1990. "Researching Victims of Crime: Critical Victimology."

Social Justice 17: 25–42.
Warr, Mark. 1992. "Altruistic Fear of Victimization." Social Science Quarterly 73: 723–36.
——.1990. "Dangerous Situations: Social Context and Fear of Victimization," Social Forces 68: 891–907.
——.1984. "Fear of Victimization: Why are Women and the Elderly More Afraid?" Social Science Quarterly 65: 681–702.
Warr, Mark, and Mark Stafford. 1983. "Fear of Crime: A Look at the Proximate Causes." Social Forces 61: 1033–43.
Webster's New American Dictionary. 1995. New York: Smithmark.
West, Cornell. 1993. Race Matters. New York: Vintage.
Whitaker, Catherine. 1986. Crime Prevention Measures. Washington, D.C.: Bureau of Justice Statistics.
Wilson, James Q., and George Kelling. 1982. "Broken Windows: The Police and Neighborhood Safety."Atlantic Monthly, March, 29–38.
"Witness Says Suspect Howled Like Werewolf." The Record, 22 April 1994, A-13.
Wolfgang, Marvin. 1958. Patterns of Criminal Homicide. Philadelphia: University of Pennsylvania.
Young, Alison. 1996. Imagining Crime: Textual Outlaws and Criminal Conversations. London: Sage.